天津市科普重点项目
“农业高效节水灌溉技术集成示范”项目
乡村实用信息技术丛书

乡村物联网

实用技术

主　编　杜彦芳　王建春
编　者　吕雄杰　李凤菊　李　扬
张雪飞　程如歧　李广胜
陈绍慧　钱春阳　徐义鑫
王　浩　腰彩红

天津出版传媒集团
天津科技翻译出版有限公司

图书在版编目(CIP)数据

乡村物联网实用技术 / 杜彦芳, 王建春主编. — 2版. — 天津 : 天津科技翻译出版有限公司, 2021.1
(乡村实用信息技术丛书 / 陈绍慧主编)
ISBN 978-7-5433-4062-6

Ⅰ. ①乡… Ⅱ. ①杜… ②王… Ⅲ. ①农业生产-物联网 Ⅳ. ①F304-39

中国版本图书馆 CIP 数据核字(2020)第 264845 号

乡村物联网实用技术
XIANGCUN WULIANWANG SHIYONG JISHU
杜彦芳　王建春　主编

出　　版:天津科技翻译出版有限公司
出 版 人:刘子媛
地　　址:天津市南开区白堤路 244 号
邮政编码:300192
电　　话:(022)87894896
传　　真:(022)87895650
网　　址:www.tsttpc.com
印　　刷:天津新华印务有限公司
发　　行:全国新华书店
版本记录:710mm×1000mm　16 开本　7.25 印张　125 千字
2021 年 1 月第 2 版　2021 年 1 月第 1 次印刷
定价:28.00 元

丛书编委会

丛书前言

实施乡村振兴战略，农业信息化是突破口。农业信息化是农业现代化的重要标志，是现代农业的制高点，对于加快转变农业发展方式、建设现代农业具有重要作用。农民是乡村振兴的承载者，也是乡村振兴的受益者，更是乡村振兴效果的评判者。我们看到，在当前国家信息化发展大潮中，城乡数字化鸿沟是现实存在的，农民的信息化应用水平还需要进一步提升，本地化熟悉信息技术的人才还需要进一步培养。加强信息化科普教育，是尽快提升农村居民信息科学普及程度的重要手段和路径。

编辑出版《乡村实用信息技术丛书》正是贯彻落实习近平总书记和党中央关于农业农村信息化发展的部署要求，将先进的、实用的信息技术有针对性地传送到乡村振兴主战场，为我国农业现代化的发展提供科技支撑，是顺应历史潮流、惠泽广大农民、落实乡村振兴的重要举措。

本套丛书立足天津市农村和农业生产实际，突出实用性、通俗性和新颖性，从乡村互联网、乡村物联网、乡村电子商务、乡村无纸化办公四个层次多侧面、多角度、全方位介绍实用信息技术，并辅以常见问题及解决方法，重点技术及操作配有二维码，将纸媒与电子书及其他媒体连接，为乡村信息建设提供有力技术支撑。

本套丛书内容丰富、通俗易懂、图文并茂、深入浅出，文字简明扼要，技术可操作性强，理论联系实际，是一套贴近生产实际、看得懂、用得上、学得会的参考书，很适合广大农民朋友使用。本套丛书也可供广大农业物联网生产管理者、乡村互联网信息管理者、乡村电子商务工作者、乡村基层办公人员，以及从事农业信息化研究、开发与教学的人员参考，或者作为农业工程及农业信息管理等专业本科生和研究生的教材，以及农业软件开发人员和农业信息管理人员的培训教材。

本套丛书凝结了一批具有丰富实践经验的农业信息技术领域科技人员的心血和智慧，他们站在科学前沿，以诚挚的热情和高度的责任感，为乡村带去信息化的精神食粮，帮助农民朋友脱贫致富，必将为乡村振兴做出新的贡献。

在《乡村实用信息技术丛书》即将付梓之际，我衷心希望它的出版发行能够使广大农民朋友从中学到信息技术及知识，提升致富技能，也希望该书能在农业现代化发展、社会主义新农村建设、普及农业信息知识、提高农民素质、助力乡村振兴等方面发挥积极作用。

陈红慧

2020 年 4 月

前 言

物联网突破了互联网只能通过计算机交流的局限，也超越了互联网只负责联通人与人之间信息传递的功能，建立了“人与物”之间的智能“沟通”系统，实现了“万物皆可相连”的世界，被公认为是继计算机、因特网与移动通信网之后的世界信息产业第三次浪潮。因其具有渗透性强、带动作用大、综合效益好的特点，在农业领域具有广泛的应用前景。

农业物联网技术是计算机技术、现代通信技术、物联网技术、现代机械等技术在农业领域中与农业科学相结合的一种新型技术，旨在通过应用计算机、互联网、现代通信技术、物联网技术、智能控制、现代机械等，实现对农业的产、供、销智能管理和精准控制，是实现农业现代化的重要技术手段。近年来，政府高度重视农业信息化的发展，并大力推动我国农业信息化进程，在政府、科研机构及农业生产企业等的共同努力下，我国农业信息化取得了飞跃性的进步，农业物联网技术作为实现现代农业不可或缺的部分，被高校及农业企业、科研机构大力开发并应用，取得了一定成效。

本书根据目前物联网技术在农业生产中的应用现状，深入浅出地介绍了农业物联网的关键技术，并对其在大田种植、设施种植、林果农业、畜禽养殖、水产养殖、冷链物流、农产品安全溯源等领域的具体应用进行了详细的阐述，用通俗易懂的方式把信息技术有针对性地传送到乡村振兴主战场，传送给农民，使信息技术成为建设新农村的必要手段。除了讲述物联网在生产中的应用，本书还讲述了物联网在生活中的应用，简要介绍了智能家居、智能交通、智慧物流、智能购物和智慧农村等方面的内容。

本书坚持以农民为第一读者,向他们提供农业物联网知识;坚持通俗、易懂、生动、直观的风格,把深奥的问题通俗化,把生硬的概念形象化,把复杂的道理简单化。

编者

2020 年 4 月

目 录

第一章

走进农业物联网

物联网的概念在1999年首先由Kevin Ashton提出。之后这一概念在Auto-ID中心以及一些市场分析的推广之下被人所熟知。而农业物联网就是利用现有的物联网概念，将物联网技术应用于农产品种植、生产、加工、贮存、运输、销售等各个与农业相关环节的网络。

一、物联网简介

物联网的英文名称是 The Internet of Things，简称 IoT。用一句话概括，物联网即是“万物皆可相连”的世界。它突破了互联网只能通过计算机交流的局限，也超越了互联网只负责联通人与人之间信息传递的功能，它建立了“人与物”之间的智能“沟通”系统。

类似于仿生学，让每件物品都具有“感知能力”，就像人有味觉、嗅觉、听觉一样，物联网模仿的便是人类的思维能力和执行能力。简言之，物联网就是在计算机因特网的基础上，利用传感器、RFID、条形码等技术，构造一个覆盖世界上万事万物的“Internet of Things”。在这个网络中，物体/商品能够彼此进行“自由交流”，而无须人的干预。其实质是利用感知层、网络层和应用层关键技术，通过因特网实现物体/商品的自动识别和信息的互联与共享。其目的是要让为人服务的物品不仅能“开口说话”，还“非常听话”，从而加强人与物的信息交流和协助，实现物与物、物与人、所有的物品与网络的连接，方便人对物品的识别、管理和控制。

由此可见，物联网的体系结构可分为感知层、网络层以及应用层三层。感知层主要是通过对物体进行扫描识别，获取物品的信息，然后将物品的信息传送给相应的信息处理设备；网络层主要是将感知层中获取的物品信息进行相应处理并且传递信息；应用层就是对物联网的应用，是网络层与用户端的接口。应用层结合用户的需求，对网络层传输过来的信息进行融合、分析和处理，以达到用户需求的目的。

●感知层-实现全面感知：在物联网中，物和物、物和人简单地互联意义不大，如把一杯水同某个人连在一起，没有多大意义。但是，如果通过感知告诉人们这杯水的水温、矿物质含量、是否有毒等，就非常有用。

感知层处在物联网的最底层，但它是实现物联网多面感知的核心能力，是让物体“开口说话”的关键所在，主要解决生物世界和物理世界的数据获取和连接问题。传感器系统、标识系统、卫星定位系统以及相应的信息化支撑设备（如计算机硬件、服务器、网络设备、终端设备等）组成了感知层的最基础部件，其功能主要用于采集包括各类物理量、标识、音频和视频数据等在内的物理世界中发生的事件和数据。

●网络层-实现可靠传递：网络层由各种私有网络、互联网、有线和无线通信网、网络管理系统等组成，在物联网中起到信息传输的作用，该层主要用于对感知层和应用层之间的数据进行传递，它是连接感知层和应用层的桥梁。

正如手是人们执行动作的器官，大脑是人们用来思考的器官，而耳朵和眼睛是人们用来接收信息的器官。各个器官之间，必须实现彼此之间的交流，才能使各司其职的各个器官有机结合在一起，各施所长，否则用脑来执行操作，用手来思考问题，其结果可想而知。

●应用层-实现智能处理：物联网是一个智能的网络，面对采集的海量数据，必须通过智能分析和处理才能实现智能化。智能处理是指利用云计算、云服务、模糊识别和模块决策等各种智能技术，对随时接收到的跨地域、跨行业、跨部门的海量数据和信息进行分析处理，提升人们对物理世界、经济社会各种活动和变化的洞察力，实现智能化的决策和控制。

综上所述，物联网的基本工作原理是：首先对物体属性进行标识，属性包括静态和动态的属性，静态属性可以直接存储在标签中，动态属性需要先由传感器实时进行探测；其次需要识别设备完成对物体属性的读取，并将信息转换为适合网络传输的数据格式；最后将物体的信息通过网络传输到信息处理中心，由信息处理中心完成物体通信的相关计算，信息处理中心可能是分散式的，如家里的计算机或者手机，也可能是集中式的，如电信运营商的因特网数据中心（IDC，Internet Data Center）。

二、农业物联网是什么

我国是一个农业大国，但一直以来生产方式落后，在传统的农耕模式下，农作物的种植、生产、管理、储存、销售一直全程依赖人工，不仅效率低下，而且无法做到全过程的精细、精准管理，导致农作物产量和品质都不能得到有效的提升。“面朝黄土背朝天”，这是自古以来人们对农民的基本印象。在古代，人类“靠天吃饭”，甚至用占卜祷告的方式祈求上天赐予雨水和丰收。而现在，随着科学信息技术的不断发展，我国农业迎来了新的机遇和挑战，尤其是物联网在农业生产中的应用和发展，推进了我国农业的信息化和现代化进程。

物联网带来的精准化管理，让我们更有信心把控农业的未来。近年来，政府高度重视农业信息化的发展，并大力推动我国农业信息化进程，在政府、科研机构及农业生产企业等的共同努力下，我国农业信息化取得了飞速的进步，农业物联网技术作为实现现代农业不可或缺的部分，被高校及农业企业、科研机构大力开发并应用,取得了一定成效。

农业物联网是物联网技术在农业生产、经营、管理和服务中的高效集成和综合应用,通过运用各类传感器、RFID、视觉采集终端等感知设备,广泛地采集大田种植、设施园艺、畜禽养殖、水产养殖、农产品物流等领域的现场信息;通过建立数据传输和格式转换方法,充分利用无线传感器网络、电信网和互联网等多种现代信息传输通道,实现农业信息多尺度的可靠传输;最后将获取的海量农业信息进行融合、处理,并通过智能化操作终端实现农业的自动化生产、最优化控制、智能化管理、系统化物流、电子化交易,进而实现农业集约、高产、优质、高效、生态和安全的目标。

还有定义称:农业物联网是通过计算机、互联网、现代通信、物联网、智能控制、现代机械等技术,使农业的产、供、销实现高度的精准化、智能化。总而言之,农业物联网是将物联网技术贯穿于农业的生产、加工、经营、管理和流通等各个环节,以达到农作物增产、改善品质、提高经济效益目的的一种技术和手段。

总之,农业物联网可以实现农业产前、产中、产后的全过程监控、科学决策和实时服务,可以让农业变得更易感知、更易互通、更加智能,使用最少的能源、水资源和杀虫剂,就能让餐桌上有更多、更好的选择。由于我国从事农业的劳动人口在减少,耕地也在逐渐减少,加上环境问题突出,农业物联网的研究和实施是必然的,因此需要政府继续大力引导和提供必要的支撑条件。

三、农业物联网能做什么

农业作为关系着国计民生的基础产业,其信息化、智慧化的程度尤为重要。物联网技术在农业生产和科研中的引入与应用,将是现代农业依托新型信息化应用上迈出的一大步。在传统农业中,获取耕种田地信息的方式很有限,主要是通过人工测量,获取过程需要消耗大量的人力。

随着我国对物联网进程的不断推进,物联网被广泛地应用于农业现代化建设中。现代农业中,应用物联网可以实时地收集温度、湿度、风力、大气、降雨量,精准地获取土壤水分、压实程度、电导率、pH 值、氮素等土壤信息。从而进行科学预测,帮助农民抗灾、减灾,科学种植,提高农业综合效益,实现农业生产的标准化、数字化、网络化。随着智能农业、精准农业的发展,通信网络、智能感知芯片、移动嵌入式系统等技术在农业中的应用逐步成为研究的热点。物联网在农业中的应用非常广泛:主要包括智能化培育控制、农产品质量安全、农业病虫害生物控制、环境和动植物信息监测、粮食物流、农业信息化应用等多个方面,有效地提高了我国农业动植物生产管理科学化的水平,实现了农业资源利用效率的最大化,在疫情疫病防控能力和农产品质量安全方面也起着非常重要的作用。

如运用各类传感器、采集器和感知技术收集农作物本体、种植、加工、存储等各个环节的相关信息,通过无线传感器网络、通信网络、互联网对获取的农业信息进行融合分析,从而得出农业生产中决策所需要的数据,并提供智能控制系统以自动调节农产品生长环境及营养。通俗地讲,就是为农民提供详细、实时、实用的农业信息,比如:嵌入土地里的传感器能告诉农民目前农作物生长的情况、是否需要浇水、什么时候浇、哪个部位需要浇等。

又如病虫害的预防和控制:配有摄像机的小型无人机在距地面100多米的空中巡查菜地的情况,查看菜叶上是否有害虫、菜地里是否有其他影响作物生长的杂草。利用物联网,还能监测温室和菜地的光照、温度和湿度,根据传感器的数据挑选种什么菜和种菜的位置;农民甚至能用物联网技术监测谷物颗粒的蛋白质含量,收获的时候把蛋白质含量高的颗粒和蛋白质含量低的颗粒分开,高的给人吃,低的喂动物。

总之,物联网在农业生产中的运用正在多个方面推动着当前我国农业的发展,既能改变粗放的农业经营管理方式,也能提高动植物疫情疫病防控能力,确保农产品质量安全,引领现代农业发展,有利于我国农业实现智能化和信息化管理,提高农业生产的效率。加快发展农业物联网,是建设现代农业的重要举措,是促进农民增收的重要途径,是提高农村治理水平的重要手段,对于农业发展、农民富裕、农村繁荣、加快推进和落实乡村振兴战略具有十分重要的意义。

四、农业物联网能给农民带来什么

1.改变农村组织模式以适应现代农业发展

我国农村小规模、高度分散的一家一户的经营方式,使农业产业集中度低,规模经营无法实现。加之资源配置不合理,整体效益不高,无法适应现代化大农业的发展要求。单个农户市场竞争力差。因而在不改变农村基本经营制度的基础上实施农业物联网，有利于发展农村经济合作组织，有利于农村组织化程度的提高。

农村经济合作组织一头连接农民，一头连接市场，一头在农村，一头在城市，集生产、信息、技术、物资和流通于一体，在组织农民发展生产，启动农村消费中的作用是无法取代的。它可依据本土优势，将分散的农户组织起来，集中有限的财力、物力和人力发展当地特色产业并使之壮大为主导产业，进行规模经营。此外，农村经济合作组织还可以作为中介，代表农民与政府、企业签订合约，组织农户生产、销售，即在农业产前、产中和产后服务的各个环节建立农民自己的经济合作组织。农村经济合作组织便于对使用技术的农民进行集中培训，统一管理，能够使新技术得到迅速的普及和推广，提高技术应用的成功率。

2.生产方式变革使农业变得轻松

随着广大农村地区通信网的普及，通信资费的下降以及智能手机价格的不断下降和农村消费水平的不断提高，智能手机已在农村全面流行。未来，农村互联网的费用将更加低廉，农村对于互联网将会更加依赖，农民通过智能手机，只需要坐在家中悠闲地喝着茶，动动手定时查看手机上的信息，就可以准确掌握大棚内的温度、湿度及作物采摘时机，轻轻松松把钱赚。以前需要跑腿费时的农活，以后动动手指、点点手机或鼠标就可以轻松完成。不费吹灰之力完成了松土、除虫、浇灌和监测等工作，农民们玩着手机听着歌，就把地种好了。这样的画面，伴随着农业物联网的发展，在不久的将来即将成为现实。农业物联网技术将成功地帮助农民摆脱传统生产方式的束缚。

应用农业物联网技术，一方面建立从产前、产中到产后的全程智能控制农业体系，将农业由分散型、粗放型的方式向集约型、规模化的方式转变。通过物联网在现代化温室栽培、开放环境农业管理、作物生长过程监控、动物精细饲喂、自动节水灌溉等领域的应用，使得农业生产系统对资源环境保护更加有效，生产的产品更加安全可靠，实现农业生产从劳动密集型向知识密集型转变，使农业生产系统本身更具效率。另一方面，农村、农场、农业企业通过计算机系统对农业生产进行经营和管理，通过更广泛地互联互通，及时了解国内外各种农产品的市场动向，以便做出农业生产与经营的决策。农业电子商务的普及，使得广大农民将有可能直接与国内外市场建立联系，从而拓宽他们经营管理的目标和范围，并获取更大的利润。

3.市场需要什么就种什么

从2010年开始,“蒜你狠”“豆你玩”“姜你军”“苹什么”,一系列的新鲜名词在农产品价格交替飞涨的大背景下层出不穷,靠囤积农产品而一夜暴富的投资者也比比皆是。当然,有涨就有跌,也有投机者因价格暴跌损失惨重,尤其是农民。

近年来,菜贱伤农、肉贱伤农的事情时有发生。由于农民对于市场信息的不了解,往往是前一年什么蔬菜卖得好、卖得贵,第二年就都种什么,造成同一品种蔬菜产量陡然提高,超出市场的需求量,从而导致价格下跌,很容易形成一个“价格高了大家一起种,于是产量大了,导致价格又跌了,于是大家都不种,产量就下降了,于是价格又高了”的怪圈。在这个丰收—跌价、减产—涨价的轮回中,农民每次都滞后于市场的脉动,永远“踩不准点”。

应用农业物联网技术,通过广泛的互联互通技术,使农民能够及时了解到国家的农业农村政策,了解国内外各种农产品的市场动向,与国内外市场建立联系,而不再像以前那样盲目。真正做到市场需要什么,农民才种什么;什么东西好卖,农民才种什么,让农民早日过上富裕的生活。

4.种得好也要卖得好

农业传统的农产品销售模式是就地、就近销售,或坐等商贩、企业上门收购,缺乏定价权,销售价格一般由收购商说了算,导致“种得好却未必卖得好”,农民无法从农产品中得到应得的回报。近年来,多地农产品滞销的新闻见诸报端,引发社会关注。一方面是农产品烂在地里无人问津,另一方面却是高昂的售价让消费者望而却步。

伴随着电商平台的发展,农民不仅能及时了解市场行情,还能通过发布销售信息,使得国内甚至国外的商家查看或接收到农产品销售信息,从而扩大销售市场,使农民有了更多的选择。利用互联网,可以让家乡的水果、蔬菜和畜禽等各色农产品从相对封闭的农村走向更广阔的市场。

网上商店不仅是简单的购买农资或者销售农产品,更重要的是建立一个以市场为主导的农业经济形态,由以前的“农民生产什么,市场上就卖什么”,转变为“市场需要什么,农民就生产什么”。截至2019年6月,中国网民有8.54亿,且还在保持高速增长,农业电子商务在中国有巨大的市场前景。省去了烦琐的中间渠道和环节,缩短了农产品从生产到销售的周期,提高了整个生产消费的效率,最大限度地实现了农民的利益。在不久的将来,随着物联网技术在农产品流通领域的深入应用，农产品的流通过程将更加顺畅，农产品流通的各个环节都可以通过物联网在电脑上查看和监控，物联网将极大地改变农产品的销售方式。

5.提高农业产出，增加农民收入

农业生产的土地是有限的，但随着社会发展，对农业资源的需求在不断增加。将物联网技术应用在农业生产中，不仅可在有限的土地上以最少的农业投入获得最大的农业生产效益，而且能达到保护生态环境、增加农民收入的目的。

五、国内外农业物联网的发展现状

“物联网+农业”的最早实践来自欧美、日本、以色列等农业发达国家，他们最先将卫星定位技术、遥测遥感等高新技术与农业生产结合起来，并由此发展出新型的农业生产模式，能够做到精确作业、精确施肥和精确估产。

在美国，农业生产及经营环节借助农业物联网及大数据分析，已实现农产品全生命周期和全生产流程的数据共享及智能决策；而借助于农业电子商务技术，美国农产品流通通过 B2B 与 B2C 结合的销售模式正在颠覆传统农产品流通渠道。在丹麦，借助于互联网、大数据，80%的农户可以通过农业资讯服务中心与农业专家实时面对面，获取农业生产的相关技术和信息。在加拿大，政府将农业物联网技术融入蔬菜、精肉、乳制品等农业生产中，使得加拿大农产品闻名于世。

近年来，欧美等发达国家纷纷加快升级物联网的战略部署，重点突破技术创新和应用升级两方面，全球物联网进入了一个实质性推进和规模化发展的新阶段。我国政府也认识到新一代的技术发展趋势，在 2009 年提出了“感知中国”战略后，我国的物联网也进入高速发展时期。2016 年国家“十三五”规划纲要中也专门强调了农业物联网的应用发展战略。农业农村部发布的《“十三五”全国农业农村信息化发展规划》和《“互联网+”现代农业三年行动实施方案》等文件，要求坚定推广物联网在农业生产过程中的部署实施，切实推进技术的扩散和创新，不断完善整个物联网工程的深入实施。

我国农业物联网的发展起源于 2011 年，农业农村部在北京市、江苏省和黑龙江省三个地区建立了物联网现代农业示范基地。经过几年时间的发展，物联网技术在我国多个省份均得到不同程度的实践和推广，目前发展较为成熟的试点项目超过一百余个，涵盖了种养业、畜牧业、水产业等多个产业。同时各地政府均出台了相应的政策，相关技术也得以快速发展，总体来说，我国农业物联网在过去几年间积累了非常丰富的经验。目前，我国很多家物联网公司在农产品检测、气象、农产品质量等方面的农业信息也在不断完善，发展前景十分可观。但是，因其技术应用还处于初步阶段，尚面临一些制约因素。

在关键技术突破方面，国内相关研究人员开发了植物生命信息获取设备、动物行为信息传感器、环境信息传感器、作物长势分析仪、作物成像光谱仪等一批作物信息监测和诊断仪器，初步具备实时获取动植物生长发育信息的技术手段和能力，完成了农产品产地信息的实时采集与传输技术相关开发工作，构建了农产品产地信息认证平台，初步建立了农产品产地安全数字化预警模型，开发了质量全程跟踪与溯源便携式终端产品，初步实现农产品“从农田到餐桌”的全程追溯。

六、常见问题及解决办法

1.什么是 IPv6

物联网是关于物体的，那么什么样的物体可以接入物联网呢？本质上说，物联网中的一个“物体”可以是任何物体，只要大到可以包含一个无线发射器（利用 Wi-Fi、蓝牙或者别的什么无线协议），而且足够独特，让我们觉得有必要为其分配一个互联网协议（IP）。它也可以是一个别针那么小，也可以是一个房子那么大。这样的结果就是，成千上万的物体通过物联网连接起来。这是一个巨大的数字，使得今天通过互联网相互连接的计算机和智能手机的数量都相形见绌。

为了实现连接，网络中的每个设备都需要根据恰当的信息正确地配置。特别是，每个设备都需要分配一个本地的 IP 地址，以便让网络来认识这个设备。连接到今天的互联网上的每个服务器或设备都会被分配一个自己的 IP 地址。在未来的物联网世界里，每个单一的设备，不管多小，也必须要被分配 IP 地址。

这就产生了一个问题，由于需要联网的设备数量巨大，将很容易就超过可用的 IP 地址数量——至少在当前的 IPv4（网际协议版本 4）中是这样的。IPv4 提供了大约 43 亿的唯一地址，其中的大部分已经被分配给了已有设备。解决方案就是尽快普及下一代互联网协议——IPv6（网际协议版本 6）。这个协议扩充到了理论上多达 340 个 100 万的

11 次幂的地址——也就是 340 个千亿的千亿的千亿，远远超过所有可能的物联网设备所需要的地址。有理由相信,没有 IPv6,物联网是不可能实现充分部署的。

IPv6 已在全球范围内正式启动，有人比喻说,IPv6 能给地球上每一粒沙子都分配一个 IP 地址。我国三大运营商均已开始布局 IPv6，在 IPv6 海量地址的支持下,移动互联网、物联网等应用必将深入发展。以后就可以把家里的冰箱、窗帘、空调、电视机等全部连接起来,因为每个设备都有一个 IP 地址,你就可以很方便地进行管理。不仅如此,拖拉机、播种机和施肥机械等也都可以通过一个网络体系来管理,让农业物联网成为切实可行的应用平台。

2.物联网的应用领域有哪些

毫无疑问，如果物联网时代全面来临，人们的日常生活将发生翻天覆地的变化。它把新一代 IT 技术充分运用在各行各业之中,具体地说,就是把感应器嵌入和装备到电网、铁路、桥梁、隧道、公路、建筑、供水系统、大坝、油气管道等各种物体中,然后将“物联网”与现有的因特网整合起来,实现人类社会与物理系统的整合。在这个整合的网络当中,存在能力超级强大的中心计算机群,能够对整合网络内的人员、机器、设备和基础设施进行实时的管理和控制。在此基础上,人类可以以更加精细和动态的方式管理生产和生活,达到“智慧”状态,提高资源利用率和生产力水平,改善人与自然的关系。

总之,物联网是一个大的产业,它的产生是全球信息产业的重大变革,正在用人们无法想象的速度渗透到国民经济和人类社会生活的方方面面,归纳起来,主要有如下几个大的领域。

●智慧物流:以信息技术为支撑,在物流的运输、仓储、包装、装卸搬运、流通加工、配送、信息服务等各个环节实现系统感知。能大大降低各行业的成本,提高企业利润。生产商、批发商、零售商三方通过智慧物流相互协作,信息共享,从而节省成本。

●智能交通:以图像识别技术为核心,综合利用射频技术、标签等手段,对交通流量、驾驶违章、行驶路线、号牌信息、道路的占有率、驾驶速度等数据进行自动采集和实时传送,相应的系统会对采集到的信息进行汇总分类,并利用识别能力与控制能力进行分析处理,对机动车号牌和车辆进行识别和快速处置,为交通事件的检测提供详细数据。

●智能安防:分为门禁、报警和监控三大部分。其中,视频监控是智能安防最核心的系统，以摄像头为主的视频监控，可实时采集数据、实时监控外界环境等。该系统还可以对拍摄的图像进行传输与存储，并对其分析与处理。

●智慧能源：包括能源和环保两个方面，通过实时监测达到节约能源和保护环境的目的。可用于水、电、燃气等表计以及根据外界天气对路灯的远程控制等，基于环境和设备进行物体感知，通过监测提升利用效率，减少能源损耗。

●智能医疗：通过传感器与移动设备对人的生理情况进行捕捉，如心跳频率、体力消耗、葡萄糖摄取、血压高低等生命指数。发展数字化医院，将这些数据记录到电子健康文件里，方便个人和医生进行查询，还能够监控人体的健康状况，再把检测到的数据传送到通信终端，可以避免一些不必要的重复检查，在医疗开支上可以节省费用。

●智慧建筑：利用传感器将建筑内的设备数字化、智能化，以节约能源。主要体现在用电照明、消防监测以及楼宇控制等，将设备进行感知、传输并进行远程监控，不仅能够节约能源，同时也能减少楼宇的运维人员。而对于古建筑，也可以进行白蚁（以木材为生的一种昆虫）监测，进而达到保护古建筑的目的。

●智能制造：对厂房的机械设备及室内环境等情况进行联网监控，实现工厂的数字化和智能化改造。通过在设备上加装物联网装备，使设备厂商可以远程随时随地对设备进行监控、升级和维护等操作，更好地了解产品的使用状况，完成产品全生命周期的信息收集，指导产品设计和售后服务；而厂房的环境监控主要包括空气温湿度、烟感等情况。数字化工厂的核心特点是：产品的智能化、生产的自动化、信息流和物资流合一。

●智能家居：将家庭内单品进行联网，通过语音实时控制，打造智能家居平台，使人们能够在更加便捷、更加舒适的环境中生活。人们可以利用无线机制来操控大量电器，还可迅速定位家庭成员位置等，因此利用物联网可以对家庭生活进行控制和管理。

●智能零售：通过将传统的售货机和便利店进行数字化升级、改造，打造无人零售模式。通过数据分析，并充分运用门店内的客流和活动，为用户提供更好的服务，为商家提供更高的经营效率。

●智慧农业：利用传感器实时监测作物及畜牧产品的生长情况，如地表温度检测、家禽的生活情形、农作物灌溉监视情况、土壤酸碱度变化、降水量、空气、风力、氮浓缩量、土壤的酸碱性和湿度等，进行合理的科学估计，为农民在减灾、抗灾、科学种植等方面提供了很大的帮助，提高农业综合效益。

3.农业物联网的主要特点有哪些

▶▶▶大规模农田物联网采集设备布置稀疏

农业物联网设备成本低，节点稀疏，布置面积大，节点与节点间的距离较远。对于实际农业生产而言，目前普通农作物收益并不高，农田面积大、投入成本有限，大规模农田在物联网信息投入方面决定了大面积农田很难密集布置传感节点。另外，大面积地在农田里铺设传感节点不仅给农业作业带来许多干扰，还对农业机械化作业形成较大的阻碍，也会给传感节点的维护带来诸多不便，导致传感网络维护成本过高等。在大规模农田里，农业大田环境可以根据实际情况划分成若干个小规模的区域，每个小区域里可以近似地认为环境相同、土质和土壤养分含量基本相同。因此，在每一个小区域里铺设一个传感器节点基本可以满足实际应用需要。

▶▶▶农业传感节点要求传输距离远、功耗低

对于较大规模的农田，物联网信息采集节点与节点之间的距离往往会比较大。由于布置在农田中，节点一般无人维护，也无市电供电。因此，节点不仅要求传输距离远，还要求功耗低，在低成本太阳能供电情况下实现长期不断电的工作要求。因此，农业物联网必须要求低功耗通信和远距离传输。

▶▶▶农业物联网设备面临的环境恶劣

农业物联网设备基本布置在野外，在高温、高湿、低温、雨水等环境下连续不间断运行，而且作物的生长会影响信息的无线传输。因此，要求对环境的适应能力较强。同时，农业从业人员文化素质不高，缺乏设备维护能力。因此，农业物联网设备必须稳定可靠，而且具有自维护、自诊断的能力。

▶▶▶农业物联网设备位置不会经常大范围变动

农业物联网信息采集设备一旦安装好后，不会经常大范围调整位置。特殊需要时，也只需小范围调整某些节点。移动的节点结构在网络分布图内不会有太大的变化。

第二章

农业物联网关键技术

农业是物联网技术的重点应用领域之一,也是物联网技术应用需求最迫切、难度最大、集成性特征最明显的领域。农业物联网由感知层、传输层和处理层构成。感知层的传感器技术、条码技术、全球定位等技术采集的数据信息通过传输层的有线、无线传感器网络技术和移动通信技术传输到处理层的农业预测、诊断、控制、决策以及预警等智能化模块。

一、感知技术全面获取信息

1.传感器带来的透明化农业

传感器是现代农业物联网系统中的前端设备，也是整个农业物联网工程的基础所在。主要有物理型、生物型和微机电三种传感器。农业传感器技术是农业物联网的核心,主要用于采集各种农业要素信息。

种植业中土壤的温度、湿度、电导率、养分(如有机质、氮、磷、钾等),空气的温度、湿度以及光照强度、二氧化碳浓度等环境参数;叶面温度、叶片湿度、冠层温度、作物氮素、茎秆强度、茎秆直径、种子活力、作物叶绿素、光合速率、呼吸速率、蒸腾速率、病害、虫害等作物本身生长信息;农产品颜色、大小、形状在线监测、色度计、糖度计、酸度计、组分含量(糖度、酸度、硬度、内部缺陷等)在线检测、缺陷、损伤、病害在线检测、新鲜度、成熟度、农药、重金属残留检测等农产品信息。

畜禽养殖业中的二氧化碳、氨气、二氧化硫以及硫化氢等有害气体含量,空气中尘埃、飞沫及气溶胶浓度,温湿度等环境参数;体温、耳温、血压、运动量、取食量、疾病信息及体重等动物本身生命信息。

水产养殖业中水体的溶解氧、酸碱度、氨氮、电导率、浊度、水温、叶绿素等影响养殖对象健康生产的环境参数。

在实际应用中，研究低耗能的传感器是现代农业物联网技术中需要尽快解决的问题,应该将传感器结合光谱磁共振等检测方法,提高检测效率。同时,传感器还有运行成本较高以及标准不统一的问题。传感器在进行信息采集之后,主要通过网络将数据传递到技术人员手中,方便工程人员对农业作物进行实时状态的监测,但是在信息采集以及传输的过程中,每个平台之间的接口数据转换缺乏统一的标准,因此影响了数据转换以及信息交换的效率，使得农业物联网终端产品成本居高不下,严重影响物联网技术在现代农业中的应用和推广。我国现代农业物联网传感器研究起步较晚,精度存在差距,并且只能集中于温度以及湿度少数几个领域,还未能形成产业化的优势格局。

总之,传感器是负责实现物联网中物与物、物与人信息交换的必要组成部分。农业传感器技术必将朝着微型化、低功耗、低成本、支持即插即用、智能化、高可靠性的方向发展。

2.个体识别给动植物一个身份

个体识别技术是指利用RFID、条码等技术实现农业物联网中每个农业个体的精确标识与描述,其主要目的是为了快速、精确地给出每个农业个体的身份、产地等相关信息,实现对动植物的跟踪与识别、精细作物生产、数字养殖、农产品流通等。

▶▶▶RFID 技术

RFID是Radio Frequency Identification的缩写,即射频识别,是20世纪80年代发展起来的一种新兴非接触式的自动识别技术。它无须识别系统与特定目标之间建立机械式光学接触,而是通过射频信号自动识别目标对象,快速地进行物品追踪和数据交换。

RFID的基本原理是利用射频信号和空间耦合(电感或电磁耦合)或雷达反射的传输特性,实现对被识别物体的自动识别。识别工作无须人工干预,可工作于各种恶劣环境。可识别高速运动物体并可同时识别多个标签,操作快捷方便,适用领域非常广泛。

最基本的RFID系统由阅读器(Reader)、标签(Tag)和天线(Antenna)三部分组成。其中,阅读器负责读取(有时还可以写入)标签信息的设备,可设计为手持式或固定式;标签由耦合元件及芯片组成,每个标签具有唯一的电子编码,附着在物体上标识目标对象;天线在标签和读取器间传递射频信号。

其工作原理是标签进入磁场后,如果接收到阅读器发出的特殊射频信号,则根据感应电流所获得的能量发送出存储在芯片中的产品信息,或者主动发送某一频率的信号,阅读器读取信息并解码后,送至中央信息系列进行有关数据处理。具有读取方便快捷、识别速度快、数据容量大、使用寿命长、应用范围广、标签数据可动态更改、安全性高、动态实时通信等优点。

RFID技术在现代农业物联网具有广泛的应用,国外该类技术应用较为成熟,能够对农产品从生产到流通领域进行全方位的监督,有助于农产品质量的回溯机制建设。我国RFID技术也有一定的应用,主要应用于农产品的流通监测、智能化的养殖以及农产品的识别,对农作物安全具有极强的保障作用,促进了我国现代农业物联网技术的发展。

但是RFID技术在实际应用中仍然存在较多的问题，最为人所关注的是安全性问题。目前，应用RFID技术还没有安全可靠的机制，对于数据无法做到加密保存。与传感器所面临的问题一样，该技术目前尚没有统一的标准，特别是工作频率之间并不兼容，工作编码不一致，也是影响RFID技术应用和发展的重要因素。虽然该技术应用成本并不高，但是由于农产品价格相对较低，其成本将会极大影响后期农产品的整体成本，也会影响该技术在农产品的应用和发展。

▶▶▶条码技术

条码技术起源于20世纪40年代，诞生于Westinghouse的实验室里。那时候对电子技术应用方面的每一个设想都使人感到非常新奇。他的想法是在信封上做条码标记，条码中的信息是收信人的地址，就像今天的邮政编码。为此，Kermode发明了最早的条码标识，设计方案非常的简单，即一个"条"表示数字"1"，二个"条"表示数字"2"，以此类推。然后，他又发明了由基本的元件组成的条码识读设备：一个扫描器(能够发射光并接收反射光)；一个测定反射信号条和空的方法，即边缘定位线圈；和使用测定结果的方法，即译码器。

近年来，条码技术发展迅速，广泛地应用于各行业的日常管理中。现如今，条码(Barcode)是由宽度不等、反射率不同的多个黑条和空白，按照一定的编码规则排列而成，用以表达一组信息的图形标识符。条码主要包括一维条码、二维条码和彩色条码：

一维条码只是在一个方向(一般是水平方向)表达信息，而在垂直方向则不表达任何信息，其一定的高度通常是为了便于阅读器对准。一维条形码的应用可以提高信息录入的速度，减少差错率，但是一维条形码也存在数据容量较小、只能包含字母和数字、条码尺寸相对较大(空间利用率较低)及条形码遭到损坏后便不能阅读等一些不足之处。

二维条码则是在水平和垂直两个方向的二维空间都可以存储信息的条码。与一维条形码相比，具有数据容量更大、超越了字母数字限制及抗损毁能力强等优点。

彩色条码主要是结合带有视像镜头的手提电话或个人电脑，利用镜头来阅读杂志、报纸、电视机或电脑屏幕上的彩色条码，并传送到数据中心。数据中心会根据收到的彩色条码来提供网站资料或消费优惠。彩色条码比二维条码优胜的地方是它可以利用较低的分辨率来提供较高的数据容量。一方面,彩色条码无须用较高分辨率的镜头来解读,使沟通从单向变成双向;另一方面,较低的分辨率亦令使用条码的公司在条码上加上变化,以提高读者参与的兴趣。

3.导航技术

农业导航技术是农业物联网中农业信息感知系统的关键技术之一。目前主要有美国的全球定位系统(GPS)、欧洲的伽利略系统(Galileo)、俄罗斯的格洛纳斯系统(GLONASS)和中国的北斗卫星导航系统(BDS)四大卫星导航定位系统。我国在农业空间信息获取方面仍主要依赖于美国的 GPS, 以北斗卫星导航系统为依托的农业物联网应用还处于初级阶段,主要有海洋渔业部门的渔船船位监测系统、新疆兵团建立的农田土壤墒情监测系统、北京顺义开展的基于北斗卫星导航系统的精准农业应用示范项目等。

4.遥感技术

遥感技术是 20 世纪 60 年代兴起的一种探测技术,是根据电磁波的理论,应用各种传感仪器对远距离目标所辐射和反射的电磁波信息进行收集、处理,并最后成像,从而对地面各种景物进行探测和识别的一种综合技术。通俗地讲,就是地面上的物体都在不断地吸收、发射(辐射)和反射电磁波,并且不同物体的电磁波特性不同。遥感就是根据这个原理,利用一定的技术设备和装置来探测地表物体对电磁波的反射和发射的电磁波,从而提取这些物体的信息,完成远距离对物体的识别。

利用遥感技术可获取大范围的数据资料, 具有获取信息受条件限制少、速度快、周期短、信息量大等特点。正是由于遥感技术可以客观、准确、及时地提供作物生态环境和作物生长的各种信息,因此,它已成为精准农业获得田间数据的重要来源,已经使农业生产和研究从传统观念和方法的阶段进入精准农业、定量化和机制化农业的新阶段,农业研究也从经验水平提高到理论水平。

二、传输技术可靠传输信息

农业物联网传输技术主要是指将农业信息从发送端传递到接收端, 并完成接收的技术。广义的信息传输技术主要包括光纤通信、数字微波通信、卫星通信及移动通信等。由于农业环境的复杂性,农业物联网中的信息传输不是简单地将现有的通信技术搬来就用，而是要根据具体的情况选择不同的通信方式。依据传输的介质，有线通信与无线通信是农业信息传输技术的两种基本方式，而结合农业生产管理的特点，农业无线传感器网络则是一种重要的农业信息传输方式与渠道。

1.有线通信技术

有线通信是指利用金属导线、光纤等有形媒介传送信息的方式，光或电信号可以代表声音、文字、图像等。其信号传输稳定，一般受干扰较小，传输效率和可靠性高，保密性强。但也存在接入点形式单一、可扩展性弱等缺点，且施工时需埋设电缆、挖坑铺管，以及布线时要穿线排等，施工难度大，建设费用高。因此，该技术适用于测试点位固定、长期连续监测的场合。

在农业信息有线通信方式中，其主要形式是CAN总线通信技术和基于嵌入式系统的通信技术两种。

▶▶▶CAN 总线通信技术

CAN是控制器局域网络(Controller Area Network，CAN)的简称，是由以研发和生产汽车电子产品著称的德国BOSCH公司开发的，并最终成为国际标准(ISO11898)，是国际上应用最广泛的现场总线之一，它是一种有效支持分布式控制或实时控制的串行通信网络。

CAN总线通信技术比较成熟，控制芯片商品化，性价比高，非常适用分布式测控系统之间的数据通信。将基于CAN总线通信技术的控制系统应用到农田信息传输系统是一种非常理想的做法。

▶▶▶基于嵌入式系统的通信技术

嵌入式系统，是以应用为中心，以计算机技术为基础，并且软硬件可以定制，适用于各种应用场合，对功能、可靠性、成本、体积、功耗有严格要求的专用计算机系统。嵌入式技术与通信技术的结合是农业物联网发展的主要方向。

2.无线通信技术

无线通信技术是利用电磁波信号进行信息交换的一种形式。由于无线通信技术具有不易受地域与人为因素的影响、接入方式灵活、费用较低等优势，该项技术在农业物联网中已得到广泛的应用。无线通信技术多种多样，功能各异，与农业物联网紧密相关的主要有以下几项技术。

▶▶▶蓝牙技术

蓝牙技术是一种无线数据与语音通信的开放性全球规范技术，最初由电信巨头爱立信公司于1994年创制，当时是作为RS232数据线的替代方案。它以低成本的短距离无线连接为基础，可为固定的或移动的终端设备提供廉价的接入服务。利用蓝牙技术，能够有效地简化移动终端设备之间的通信，也能成功地简化设备与Internet之间的通信，从而使数据传输变得更加迅速高效，为无线通信拓宽道路。

由于只要设备带有蓝牙功能，设备之间就可以通过蓝牙而连接起来，传输速度可以达到1MB/s，而且不容易受到外界干扰源的影响，使用的频谱在各国都不受限制，因此在农业物联网系统中蓝牙技术的应用潜力较大。目前研究者们已将蓝牙技术应用于农机监控、农田信息监测、水利信息监测、果园机器人遥控、变量施肥机速度采集及温室环境监测等工作之中。

▶▶▶ZigBee技术

ZigBee，也称紫蜂，在2003年正式问世。该技术来源于蜜蜂的八字舞，由于蜜蜂(bee)是靠飞翔和“嗡嗡”(zig)地抖动翅膀的“舞蹈”来与同伴传递花粉所在方位信息，也就是说蜜蜂依靠这样的方式构成了群体中的通信网络。

ZigBee是一种近距离、低复杂度、低功耗、低速率、低成本的双向无线通信技术，主要用于距离短、功耗低且传输速率不高的各种电子设备之间进行数据传输以及典型的有周期性数据、间歇性数据和低反应时间数据传输的应用。由于ZigBee技术具有功耗低、数据传输可靠、网络容量大、兼容性与安全性良好等特点，因此在工业控制、家庭自动化、农业自动化等领域都有广泛应用。ZigBee技术在农业物联网手持式仪器、无线传感器网络信息采集节点等信息的传输方面得到了应用，特别是在农田与温室环境监测、智能灌溉监控、畜禽养殖环境监测、农产品冷链物流、水产养殖环境监测、农业区域环境远程监测等领域都有成熟应用。

▶▶▶Wi-Fi技术

Wi-Fi是Wireless Fidelity的缩写，中文翻译为“无线保真”，在无线局域网范畴是指“无线兼容性认证”，实质上是一种商业认证，同时也是一种无线联网技术，与蓝牙技术一样，同属于在办公室和家庭中使用的短距离无线技术。同蓝牙技术相比，它具备更高的传输速率，更远的传播距离，已经广泛应用于笔记本、手机、汽车等广大领域中。在农业生产中，Wi-Fi 技术已应用于无线传感器网络的水质监测、温室大棚环境实时监测、生鲜农产品仓储温湿度监测等，也有研究者开发出了基于低成本 Wi-Fi 技术的图像传感器，可周期性地捕捉和发送农田作物的病虫害信息到远程控制站，有效地提高了病虫害的防治效果。

▶▶▶LoRa 技术

LoRa（Long Range）是一种基于扩频技术的远距离无线传输技术，其实也是诸多低功耗广域网络（Low Power Wide Area Network，LPWAN）通信技术中的一种，最早由美国 Semtech 公司采用和推广。这一技术为用户提供了一种简单的能实现远距离、低功耗无线通信的手段，低功耗一般很难覆盖远距离，远距离一般功耗高，要想马儿不吃草还要跑得远，好像难以办到。LoRa 最大的特点就是在同样的功耗条件下比其他无线方式传播的距离更远，实现了低功耗和远距离的统一，它在同样的功耗下比传统的无线射频通信距离扩大 3~5 倍。

目前，LoRa 技术主要在全球免费频段运行，包括 433、470、868、915MHz 等，具有远距离、低功耗（电池寿命长）、多节点、低成本、抗干扰的特性。这种无线射频技术已经应用到汽车、路灯、制造设备、家用电器、可穿戴设备中。研究学者也已经开始研究 LoRa 技术在设施农业区自动气象站监测、智能灌溉监控、农产品冷链物流、畜禽养殖环境监测、水产养殖环境监测、农业区域环境远程监测等领域开展应用研究。

▶▶▶移动通信技术

移动通信是指移动用户之间，或移动用户与固定用户之间的通信。随着电子技术的发展，特别是半导体、集成电路和计算机技术等的进步，移动通信技术也得到了快速的发展，经历了由模拟、频分多址移动通信技术（1G）→数字的时分多址、码分多址移动通信技术（2G）→多媒体移动通信技术（3G）→宽带接入和分布网络系统（4G）的发展历程。

当前，第五代移动通信技术（5G）飞速发展。5G 研究在推进技术变革的同时将更加注重用户体验，网络平均吞吐速率、传输时延，以及对虚拟现实、3D、交互式游戏等新兴移动业务的支撑能力等将成为衡量 5G 系统性能的关键指标；与传统的移动通信系统理念不同,5G 系统研究将不仅把点到点的物理层传输与信道编译码等经典技术作为核心目标,而且是从更为广泛的多点、多用户、多天线、多小区协作组网作为突破的重点,力求在体系构架上寻求系统性能的大幅度提高;室内移动通信业务已占据应用的主导地位。5G 室内无线覆盖性能及业务支撑能力将作为系统优先设计目标,从而改变传统移动通信系统“以大范围覆盖为主、兼顾室内”的设计理念;高频段频谱资源将更多地应用于 5G 移动通信系统,但由于受到高频段无线电波穿透能力的限制, 无线与有线融合、光载无线组网等技术将被更为普遍地应用;可“软”配置的 5G 无线网络将成为未来的重要研究方向,运营商可根据业务流量的动态变化实时调整网络资源。

5G 网络峰值理论传输速度可达每秒数 10Gb,比 4G 网络的传输速度快数百倍。这意味着,可以秒下高清电影,在线游戏、实时高清视频和远程交互等都不是梦。同时,5G 网络具有速率极高、容量极大和时延极低三个特征。比如 10Gbps 的峰值数据速率、1 毫秒空口传输时延、比 4G 网络提高 3~5 倍的频谱效率和每平方千米千兆的连接密度以及 100 倍的功效提升等。可以想象,到时 5G 将为用户提供光纤般的接入速率,“零”时延使用体验,千亿设备的连接能力、超高流量密度、超高连接密度和超高移动性等多场景的一致服务,实现“信息随心至,万物触手及”的愿景。

在 2019 年 4 月 23 日召开的 2019 上海 5G 创新发展峰会暨中国联通全球产业链合作伙伴大会上, 中国联通董事长王晓初宣布将在 7 个城市正式开通 5G 实验网,并发布中国联通的 5G 品牌。这预示着“联通 5G 正式开网”。

农业嫁接 5G,不但可以使得环境信息的实时采集、远程自动控制更加精准,还可使农业管理更加智能化。此外,在 5G 的强大技术支撑下,可以实时发送图像数据让人们了解菜园作物状况。也就是消费者可以随时进入网络观看种植过程,查看农作物生长过程中使用了什么药、什么肥,让大家放心食用。无人机和自动拖拉机也得以快速发展,无人驾驶拖拉机实时扫描环境可以找到障碍物,从而自动重置路径并调整速度。

可以畅想一下,5G 时代下的未来农业,各种的先进设备和农业相结合。农场将布满传感器,收集数据以反馈给机器。农民只需坐在电脑前,便可以查看农作物的数据,根据采集的数据做出相应的决策,在家种地变得更加便捷! 5G 让更少的农民更有效地种植更多作物,获得更高的产量和更高的利润。

3.无线传感器网络

无线传感器网络(Wireless Sensor Networks,WSN)是物联网底层网络的重要技术形式,是物联网中感知事物、传输数据的重要手段,构成了物联网的重要触角和神经。无线传感器网络是一种分布式传感网络,由部署在监测区域内的许许多多功能相同或不同的无线传感器节点组成，通过无线通信方式形成的一个多跳的自组织的网络系统,其目的是将监测区域内的感知对象进行信息感知、采集和处理并发送给观察者。每一个传感器节点由数据采集模块(传感器、A/D 转换器)、数据处理和控制模块(微处理器、存储器)、通信模块(无线收发器)和供电模块(电池、DC/AC 能量转换器)等组成。

WSN 中的传感器通过无线方式通信,因此网络设置灵活,设备位置可以随时更改,还可以跟互联网进行有线或无线方式的连接,是实现物联网广泛应用的重要底层网络技术,可以作为移动通信网络、有线接入网络的神经末梢网络,进一步延伸网络的覆盖。WSN 在农业上的应用也越来越广泛,在温室环境监测和控制中采用不同的传感器节点和具有执行结构的装置(如温控系统、通风设备、卷帘系统、灌溉阀门、辅助照明系统等)构成无线网络,实时监测作物生长环境信息,系统将监测数据作为自动控制的参变量,结合专家数据自动执行相应的操作,自动控制温室环境以达到作物最佳生长条件,实现作物种植的优质高产。

三、信息处理技术合理利用信息

信息处理技术不仅是实现农业物联网的必要手段，还是农业物联网智能控制的重要组成部分。在农业物联网中，将大量传感器采集的海量信息汇聚到业务平台,因此对平台的信息处理、存储、分析、数据挖掘都提出了较高的要求。需要利用云计算、智能计算、模糊识别、智能控制、智能管理等各种智能处理技术,对海量的跨地域、跨行业、跨部门的数据和信息进行分析处理,实现农业信息的预测、预警、智能控制和智能决策等。

1.大数据带来的数据存储问题

物联网的数据“大”是不争的事实,“大数据”现在可谓越来越火了,不管是什么行业，也不管是不是搞计算机的，都要借着这股热潮大干一番。在大数据时代的背景下，海量的数据存储已经成为各个行业急需解决的问题。

“大数据”一词具体是什么时候兴起的已无从考证。究竟多大的数据算“大数据”呢？麦肯锡研究中心给出的定义是“超过一般计算机处理能力”的数据。但这个概念真是投机取巧，让人难以攻击。因为大数据的界限真的难以定义。只能说我们平时自己保存和处理的数据都不是大数据。有些人以为自己电脑里有个特别大的 Excel 文件就是大数据，还有些人觉得有个数据库装了些数据就是大数据……然而，这些都不是大数据。

大数据的一个显著特征就是数据量大，起始计算量单位至少是 PB，甚至会采用更大的单位 EB 或 ZB，导致存储规模相当大。而且，数据种类和来源多样化，数据呈现方法众多，可以是结构化、半结构化和非结构化的数据形态。大数据的价值密度相对较低，数据增长速度快、处理速度快、时效性要求也高，在这种情况下，如何结合实际业务有效地组织管理、存储这些数据，以便从浩瀚的数据中挖掘其更深层次的数据价值，需要尽快解决。

农业物联网在对农业生产过程实现自动监控和智能管理的过程中，也会产生海量的数据，如不能及时对数据进行存储和组织，将会造成极大的浪费，而数据库技术则有效地解决了计算机处理过程中大量数据的有效组织和存储，为数据的共享、安全与高效检索提供了保障。目前，有许多数据库产品，如 Oracel、Sybase、SQL Server 和 FoxPro 等，农业物联网系统在选择数据库管理系统时应综合考虑数据库管理系统的性能、对应用的支持、并行处理能力、并发控制能力、数据安全性等因素。

2.数据存储后的处理问题

▶▶▶云计算技术

云计算（Cloud Computing）是分布式计算、并行计算、效用计算、网络存储、虚拟化、负载均衡、热备份冗余等传统计算机和网络技术发展融合的产物，是借助于网络实现的一种典型的“胖服务器”“瘦客户端”的计算模式。简单来说，云计算就是指无须投入太多的管理工作或只需与服务提供商进行很少的交互，便可进入可配置的网络、存储、服务器、应用软件、服务等计算资源共享池的一种按需、便捷、可用、快速的网络访问模式，具有超大规模、虚拟化、通用性、多用户高可靠性、高可伸缩性、极其廉价和按需服务等特点。

在云计算模式中，系统对用户端的设备要求很低，用户可以使用一台普通的个人计算机，也可以使用智能手机或智能终端设备，即可完成用户需要的计算与存储任务。对于云计算用户来说，只需要提出服务要求，而不需要了解“云”中基础设施细节，不必具备相应的专业知识，也无须直接进行控制，只需要关注自己真正需要什么样的资源，以及如何通过网络来得到相应的服务。云计算具有弹性服务、资源池化、按需服务且可计费、泛在接入等特点。云计算系统由云平台、云终端、云存储与云安全四个部分组成，主要包括了编程模式、海量数据分布式存储与数据管理、虚拟化及平台管理等核心技术。

云计算就是一个用于海量数据处理的计算平台，为农业物联网提供了高效低廉的数据存储技术、计算分析支持和服务支持，很大程度上提高了农业物联网的运行效率。云计算能够实现海量数据的存储，加强农业搜索引擎的建设，有利于对农产品进行质量追溯管理，得到大量数据的进行智能化分析，帮助农产品从业者开展智能决策，为其提供综合化的服务功能。我国已将云计算技术应用于智能农业监控平台的建设、农产品安全的追溯等领域。

但是由于整个计算系统应用在云平台之上，因此，平台包含大量敏感信息，如何加强对于云计算平台信息的隐私保护将成为物联网云计算中需要重点考虑的问题。并且不同的云平台之间缺乏接入的标准，管理机制各不相同，因此计算环境如果改变，将很难进行迁移。

▶▶▶数据挖掘技术

数据挖掘（Data Mining）是指从大量的、不完全的、有噪声的、模糊的、随机的数据中，提取隐含在其中的、人们事先不知道的但又是潜在有用的信息和知识的过程。通过认真分析挖掘出的信息，来揭示数据之间有意义的联系、趋势和模式。而数据挖掘技术就是指为了完成数据挖掘任务所需要的全部技术。

数据挖掘是近年来伴随数据库系统的大量建立和万维网的广泛应用而发展起来的一门技术。数据挖掘是交叉性学科，它是数据库技术、机器学习、统计学、人工智能、可视化分析、模式识别等多门学科的融合。数据挖掘作为一种新的信息处理技术，其主要特点是对数据库中的大量数据进行抽取、转换、分析和其他模型化处理,并从中提取辅助决策的关键性数据。数据挖掘的过程可分为数据准备、数据挖掘、结果评价和表达3个阶段,得到的信息具有未知性、有效性和实用性3个基本特征。数据挖掘中常用的技术包括:统计技术、关联规则、基于历史的分析、遗传算法、聚集检测、连接分析、决策树、神经网络、粗糙集、模糊集、回归分析、差别分析、概念描述等。

通过挖掘数据之间内部的联系,并且对未来可能发生的事件进行概率性预测,为智能决策提供相应的理论基础。在现代农业物联网工程的建设过程中,其数据具有海量化以及碎片化的特征,因此如何对这些数据进行收集和整理,并在后期进行挖掘成为物联网技术管理人员所面临的严峻问题。

我国已将数据挖掘技术应用于农业机械质量控制、农业高温灾害预测、农业电子商务、农业生产决策支持系统及生态农业等领域。

3.数据处理后的利用问题

▶▶▶农业预测预警

农业预测预警是以信息感知所获得的各类信息为依据, 以数学和信息模型为手段,通过推测和估计,对生产过程中可能造成的危害进行预测预警,预报不正确的状态和危害程度以及提出预防措施和处理方案, 是农事操作和农业生产计划编制的科学决策的重要依据。

预测是对研究对象的发展进行评估,农业预测的基本方法主要有回归预测法、灰度预测法、混沌理论预测法、神经网络、支持向量回归等。预警是预测发展的高级阶段,是在预测基础上结合预先的领域知识进一步给出的判断性说明,以规避因特殊原因引发的危害,进而降低因危害产生的不必要的损失,使预测的内容更加丰富而广泛。农业预警需要建立预警指标体系,并对指标体系进行预警分析,最大程度减少或避免农业生产活动中的损失。农业预警的基本方法主要有定性分析和定量分析两大类,而定量分析又可以分为统计方法和模型方法两类,其中利用建立数学模型方法进行预警最为常见。

研究者们已将农业预测预警技术探索性地应用于我国农业经济发展预测、干旱与作物病虫害发生等灾害的评估预警、农产品价格的监测预警等领域,也有学者建立了基于粗糙集和支持向量机的河蟹养殖水质预警模型, 并在生产中进行了实践验证。

▶▶▶农业智能控制

农业智能控制是农业信息处理技术的一个重要分支，是指通过实时监测农业生产环境信息、个体信息，结合动植物生长模型，采用智能控制手段和方法调控农业生产设施，保障动植物最佳生长环境，节约生产成本，降低生产能耗，实现农业生产过程的全面优化，确保农业生产高效、安全、健全、环保。常见的农业智能控制方法有模糊控制和神经网络控制等。

目前，人们已将农业智能控制技术应用于作物、畜禽与水产种养殖环境的调控、智能化灌溉系统的控制、农田机械化深松的作业管理与变量施肥、微型植物工厂的生产、病虫害预测、茶叶品种的快速识别、农产品质量分析检测及预测等农业生产管理过程中，为农业的高产、优质、高效提供了技术支撑。诚然，由于农业生产环境复杂，影响因素众多，且不同动植物的生产过程差异很大，农业物联网的应用还受制于农业生产的设施条件与信息化基础建设水平，智能控制技术的应用还不够深入广泛，但随着相关研究的深入、农业设施化、机械化及信息化水平不断提高，智能控制技术在现代农业发展中将发挥越来越重要的作用。

▶▶▶农业智能决策

农业智能决策以农业系统论为指导，以管理学、运筹学、控制论以及行为科学为理论基础，以计算机技术、仿真技术和信息技术为手段，以精准农业决策需求为出发点，以构建不同农业领域的智能决策支持系统为目标，实现农业决策信息服务的智能化和精准化。

智能决策是预先把专家的知识和经验整理成计算机表达的知识，组成知识库，通过推理机来模拟专家的推理思维，为农业生产提供智能化的决策支持。目前，农业智能决策在农业领域的应用方法虽处于探索起步阶段，但已在农田肥力、品种、灌溉、病虫害预防和防治、农作物产量、动物养殖、动物饲料配方和设施园艺等方面开展了应用研究。

农业智能决策系统应具有一定的自我学习能力，以便决策者可以按照需求修改和扩充知识库中的相关知识，使得解决问题的能力进一步提高；农业智能决策系统应具有推理机构，以便模拟决策者的思维过程，根据决策者的需求，通过人机会话，应用有关的知识引导决策者选择合适的决策模型；农业智能决策系统应具有智能的模型管理功能，以便将模型作为一种知识结构进行管理，简化各个子系统间的接口。

四、常见问题及解决办法

1.农业物联网关键技术有哪些

●感知技术：主要包括各类传感器及节点技术、全球定位系统技术和条形码技术等。

●传输技术：主要为无线和有线传感网络技术以及移动通信技术。

●处理技术：包括大数据、云计算、云服务和模块决策等。

2.什么是传感器

传感器是用于将一种形式的能量转换成另一种形式的电子设备。一般来说，这些设备处理不同类型的能量，如电能、光能、化学能、热能、声能、电磁能等。

3.什么是 5G

5G 是第五代移动通信系统的简称，是一种更高速、低延迟和更安全的创新连接结构。其峰值理论传输速度可达每秒数十亿字节，比 4G 网络的传输速度快数百倍。理论上说，整部超高画质的电影可在数秒之内下载完成。总之，就是用了 5G 上网会非常快！

4. 5G 会给农业带来什么

目前农业大数据正由技术创新向应用创新转变，而 5G 也将为农业带来海量的原始数据，从而推动智慧农业的不断前进。未来大数据技术能将农业丰富的数据类型与应用场景进行不断深度融合，实现应用创新层面的大爆炸。5G 将带来大数据产业的繁荣，以及带动智慧农业的迅速成长。种植技术智能化、农业管理智能化、种植过程公开化、劳力管理智能化……总之，在 5G 时代，农业将会更加智能、更加精准。同时，在 5G 时代，农业物联网、大数据获新动力，智慧农业发展即将迎来空前高潮。

5.农业物联网相关网站有哪些

●中国农业物联网 http://www.agricultureiot.com/

图 2-1 中国农业物联网

●农业物联网 http://www.ny135.com/

图 2-2 农业物联网

第三章

农业物联网在大田种植中的应用

大田种植在我国历史悠久，大田种植物联网是物联网技术在产前农田资源管理、产中农情监测和精细农业作业以及产后农机指挥调度等领域的具体应用。大田种植物联网通过实时信息采集，对农业生产过程进行及时的管控，建立优质、高产、高效的农业生产管理模式，以确保农产品在数量上的供给和品质上的保证。

一、大田种植环境监控系统使农田“开口说话”

大田种植所涉及的农作物种类繁多，不同农作物在其不同的生长周期，对周边环境的要求也不同。在传统大田种植中，生产者只能依靠经验和感觉对何时浇水施肥等操作进行模糊管理，往往需要付出大量的精力管理，却收获不到较好成效。而在现代的大田种植中，通过应用大田种植监控系统，只需要手指点一点，就可以实现田间种植情况远程化监控、实时化管理，非常方便。

大田种植环境监控系统主要是实现土壤、气象和水质等信息的自动监测和远程控制，该系统主要包括三大部分。

- 环境信息采集系统：利用各种监测传感器，如空气温湿度传感器、雨量传感器、风速风向传感器、光照度传感器、土壤温湿度传感器等，实时观测土壤水分、温度、地下水位、地下水质、作物长势、农田气象信息等，可让种植者及时掌握这些信息，使沉默的土地“开口说话”。此外，由于大田种植环境比较恶劣，在传感器的选择方面对其耐久性和可靠性方面有严格的要求。

- 数据传输系统：由于大田种植涉及的种植区多为野外区域，面积一般较为广阔，因此需要监控的范围也较大，而且野外传输受到天气等因素的影响，传输信号的稳定性成为关键。由于传输距离较远，数据采集单元较多，采用有线传输的方式往往无法满足实际的业务需求，也不切合实际，因此远距离的低速数据无线传输技术成为该系统信息传输的关键技术。最终将数据传输到因特网中的一台主机上，以方便生产者通过各种终端设备及时查看各种信息。

- 设备管理和控制系统：执行设备是指用来调节农田小气候的各种设备，如：二氧化碳生产器、灌溉设备等。控制设备是指掌控数据采集设备和执行设备工作的数据采集控制模块，主要作用为通过智能气象站系统的设置，掌握数据采集设备的运行状态，根据智能气象站系统发出的指令，掌握执行设备的开启和关闭。

大田种植监控系统不仅能提高大田种植的智能化、信息化水平，还能提高农作物的质量和产量。通过运行大田种植监控系统等新型农业物联网技术，可以为农业注入新鲜的科技力量，创造更大的农业价值，帮助农民创富增收。

二、大田灌溉让庄稼"喝好水"

我国以占世界6%的水资源量和9%的可耕地,成功解决了占世界20%人口的温饱问题,灌溉农业功不可没,每年灌溉面积生产的粮食占全国总产量的75%。但是,我国农业灌溉年用水量约3400亿~3600亿立方米,占全国总用水量的近62%,灌溉水有效利用系数仅0.542,远低于发达国家的0.7~0.8,其余在输水、配水和田间灌水过程中损失掉了。预计到2025年,全球约有1.8亿人口将生活在缺水环境中,48个国家的28亿人将面临水资源短缺。高度依赖灌溉农业的地区,如亚洲、南非和我国北方地区将出现严重缺水。

那么,如何在不增加供水量的前提下,继续维持现有农业规模和产量,又不造成地下水超采和水位下降呢?那就是,大田种植要从传统的漫灌、畦灌向管道灌溉、微喷灌、喷灌、滴灌发展。

此外,过量灌溉还会造成农作物根区养分的流失,从而造成肥料的增施。我国主要粮食作物肥料利用率仅为35%,远低于发达国家50%~70%的水平。不仅如此,肥料的过分使用还会造成环境的污染。据统计,由于化肥的过量使用,河流中氮的含量增加了10%~20%。

这种只关注产量提升,以资源消耗和环境污染为代价的高水高肥带来的高产,已经引起了国家的高度重视。我们要从浇地、土壤施肥、渠道输水、水肥分开的观念转换为浇庄稼、作物施肥、管道输水、水肥一体的观念。

高效节水设施和水肥一体化设备能够直接将水和营养输送到作物根部,有利于作物吸收;能够降低蒸发率,防止水土流失、深层渗透;能够有效地、准确的按照作物的生长和收获计划提供水和营养,提高其产量和品质,是实现农产品标准化的重要手段;操作简单,节水节肥和节约资源;自动控制,节省大量劳动力等生产成本;防止土壤侵蚀、盐碱化。

●农田变量灌溉施肥:将农业灌溉自动化及信息化结合,根据作物产量与品质和土壤性质以及管理措施的空间变化规律,采用先进技术监测土壤墒情及养分,实现时空变量灌溉施肥,提高灌溉施肥精准程度。

●水肥药一体化:利用管道灌溉系统,把肥料和农药按照作物需要量溶解在灌溉水中,由灌溉管道带到田间每一株作物上,适时适量地满足农作物对水分、养分和农药的需要，实现水肥药同步管理和高效利用的节水农业技术，达到节水节肥节药、省工省力省心、增产增收增效的目的。

三、测土配方施肥使土壤更健康

“庄稼一枝花，全靠肥当家”。但是，目前我国农业生产施肥品种相对单一、低效、盲目，致使化肥用量日益增加。如我国氮磷肥普遍存在施用过量的现象，其施用量远高于世界平均施肥水平。这不仅加大了农民的投资，并且导致土壤板结、恶化，地力下降，作物品质下降，还会造成一系列环境问题，如氮渗入地下水严重影响水质，磷氮的流失造成水质富营养化以及蓝藻的发生等。

随着国家实现化肥、农药施用总量的零增长，规模家庭农场的涌现以及大型私营与国有农场的商业化管理需求，对环境保护的重视程度增加以及磷矿资源将在100~300年后耗尽，科学合理使用化肥十分迫切。而改变这种状态的最好办法就是测土配方施肥。近年来，随着测土配方施肥技术的推广，农户对大量元素平衡施用、微量元素因缺补缺有了一定的认知。

测土配方施肥是以土壤测试和肥料田间试验为基础，根据作物需肥规律、土壤供肥性能和肥料效应，在合理施用有机肥料的基础上，提出氮、磷、钾及中、微量元素等肥料的施用数量、施肥时期和施用方法。通俗地讲，就是在农业科技人员指导下科学施用配方肥。测土配方施肥技术的核心是调节和解决作物需肥与土壤供肥之间的矛盾。同时有针对性地补充作物所需的营养元素，作物缺什么元素就补充什么元素，需要多少补多少，实现各种养分平衡供应，满足作物的需要；达到提高肥料利用率和减少用量，提高作物产量，改善农产品品质，节省劳力，节支增收的目的。

四、智能化的农业机械

农业物联网环境下的农业机械是智能化的，通常安装有卫星导航系统、自动驾驶系统、计算机设备及必要的传感器，实现对田间作物信息、土壤信息、环境信息的不间断监测，农业机械可以识别分析软件给出的信息，并准确地执行。

在大田中，即使相隔两三米远的两块土地，土壤的水分含量、营养情况、农作物的生长情况都可能不相同。所以在为大田进行农事操作时，农业机械会按照设定的路线工作，实现施肥、打药全部自动化，并通过GPS的记录与显示，将施肥区域与未施肥区域一一标注出来。在农业物联网与精准农业紧密结合的情况下，农业机械在土壤肥力传感器和处理控制软件的配合下，能够做到在肥力高的地方密植，在肥力低的地方稀植，还可以更换作物种子品种。

无人机在农业领域应用的市场潜力也是巨大的，越来越多的农民采用无人机来监控他们的田地和执行一些农业任务。无人机可以是一个移动的传感器，并能出现在农田的任何一个地方。农民可以利用它监测农作物生长，进行土壤分析来监测作物的健康状况。无人机的投入可以减少人工投入成本，更灵活和轻便地解决农作物健康监控问题。

此外，无人机还可以帮助农民种植种子、灌溉田地，并在必要时喷洒农药。借助成熟的导航和地图以及成像技术等先进功能使数据收集和分析变得更加容易，并可帮助农民提高产量，同时减少劳动力支出。

五、遥感技术使发展精准农业成为可能

遥感卫星能够快速准确地获取地面信息，结合地理信息系统（GIS）和全球定位系统（GPS）等其他现代高新技术，可以实现农情信息收集和分析的定时、定量、定位，客观性强，不受人为干扰，方便农事决策，使发展精准农业成为可能，遥感影像可通过遥感集市云服务平台免费下载或订购的方式获取。其平台即可查询到高分一号、高分二号、资源三号等国产高分辨率遥感影像。

此外，利用遥感技术还可以监测农作物种植面积、农作物长势信息，快速监测和评估农业干旱和病虫害等灾害信息，估算全球范围、全国和区域范围的农作物产量，为粮食供应数量分析与预测预警提供信息。

农业资源监测和利用领域，主要利用资源卫星对土地利用信息进行实时监测，并将其结果发送到各级监测站，进入信息融合与决策系统，实现大区域农业的统筹规划。

利用3s技术，将遥感与计算机互联网技术进行结合对农作物的生产态势以及品质进行实时的监测，并且利用光谱仪器对农作物生长进行研究。

六、常见问题及解决办法

无人机飞防植保有哪些优势

无人机飞防植保是目前最行之有效的植保措施,逐渐受到广大种植户的认可,市场需求不断增加。无人机飞防植保和传统植保相比,主要有四大优势。

●喷洒精准,节水节药效果明显。植保无人机喷洒系统采用离心雾化和超低容量变量喷洒技术,保证所有植株都能均匀覆盖,杜绝漏喷重喷现象,至少节省 90%的水和 50%农药,农药有效利用率在 35%以上。

●作业效率高,安全系数大。药剂喷洒实行的是远距离遥感作业和自动精准灌药技术,摆脱了人为操作和农药侵害的失误。农用植保无人机每小时作业量可达 2.67~4 公顷,作业效率是人工的 30 倍以上,还可以夜间作业,大大减少了事故的发生,安全生产工作得到了有效保障。

●操控便利,作业可控。可在田间地头垂直起降,起降需要的场地小,自动规划最佳作业航线,自主适应不规整地形。而且通过搭载视频器件,对农作物病虫害可进行实时监控,可远程监控植保作业进度和作业面积,做到每一亩地块的飞防作业都有据可查。

●适应性强,应用广泛。携带方便,使用优势突出,既能适应各种地形条件又能满足不同农作物品种及不同种植模式需求,应用前景非常广泛。

总之,植保飞防作业效率高、防治成本低的优势,在短时期内集中快速精准施药,有力防治水稻病虫害,确保粮食丰收。加上政府的重视和推动,植保无人机正飞入越来越多寻常百姓的田间地头。

第四章

农业物联网在设施种植中的应用

为了保护农作物免受风、雪、冰雹、低温以及害虫和寄生虫的侵害，农民开始采用温室大棚来种植农作物，搭建封闭的生态系统，可以控制温度和光照、水分和营养物质的数量，确保了农作物环境不会变得太热或太冷、太阳光充足等。这是一种新型的农业生产方式，是利用工程技术手段和工业化生产方式，为农作物提供适宜的生长环境，使其在最经济的生长空间内，获得最高的产量、品质和经济效益的一种高效农业。

一、温室环境监控系统听取农作物的心声

农作物和孩子一样需要喝水、吃饭,也有呼吸,有体温,在特定的环境条件下也会生病。但农作物不会说话，以往农民依靠经验照顾农作物,往往会造成过量使用水、肥和农药。为了听懂农作物的语言,了解它们的需要,在温室大棚中,人们通过各种传感器对其进行实时监测,监测的内容包括温度、湿度、光照、土壤水分、二氧化碳浓度等环境因子数据，然后再进行智能化决策,自动控制相关设备或者通过电脑、手机等终端实时远程调控，调节大棚内部的温度、湿度、光照、二氧化碳浓度等,使大棚内的各个指标都适合农作物生长(图 4-1)。

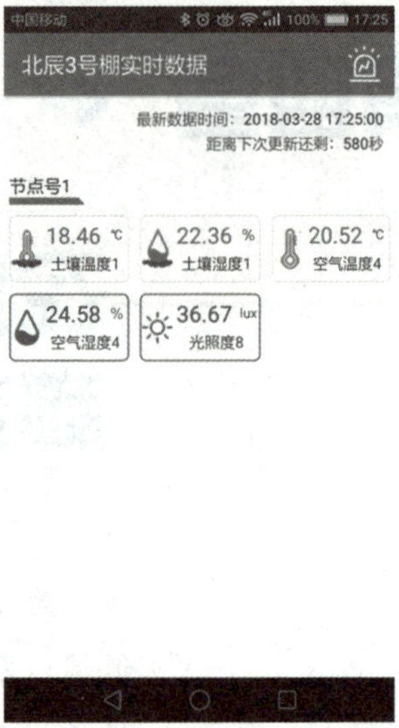

图 4-1 温室环境实时监测页面

嘀嗒,手机来信息了,“该通风了”。您躺在床上，拿起手机一看:“您的 1 号棚内西侧温度为 36.3℃,为了避免对小西红柿的生长造成不利影响,请您及时采取措施。此时棚外温度与风力适宜,建议您打开天窗与腰部风口通风降温。”看完之后,您只需轻轻地在手机上摁一下,棚壁上的通风机就自动打开通风了。温室环境监控系统就是这么神奇！让农民在家就可实时监控光照、温湿度等温室环境信息,自动控制水帘降温、天窗开闭和风机运行等设备,不仅使农民脱离了繁重的田间劳作,还提高了生产效率。

温室环境监控系统以全面感知、可靠传输和智能处理等物联网技术为支撑和手段,以自动化生产、最优化控制和智能化管理为主要生产方式,主要通过借助温室及相关配套装置来适时调节和控制作物生长环境条件。即在温室中运用温度传感器、湿度传感器、光照度传感器、CO_2 传感器等设备,检测环境中的温度、相对湿度、光照强度、土壤养分、CO_2 浓度等物理量参数,并通过各种仪器仪表实时显示,设施管理人员在任何地方通过电脑或手机就能对多个温室的环境进行监测。

该系统对温室内的实时环境参数进行分析处理，并根据获取的各种环境参数

自动控制温室内的风机、遮阳帘、水阀、补光灯等机电设备，使农作物处于最适宜的生长环境，同时根据农业专家系统高效科学地进行施肥、灌溉、喷药等作业，显著减轻设施作业人员的劳动强度，显著提高劳动生产率，节约生产成本，提高产量，达到增产、改善品质、调节生长周期、提高经济效益的目的。

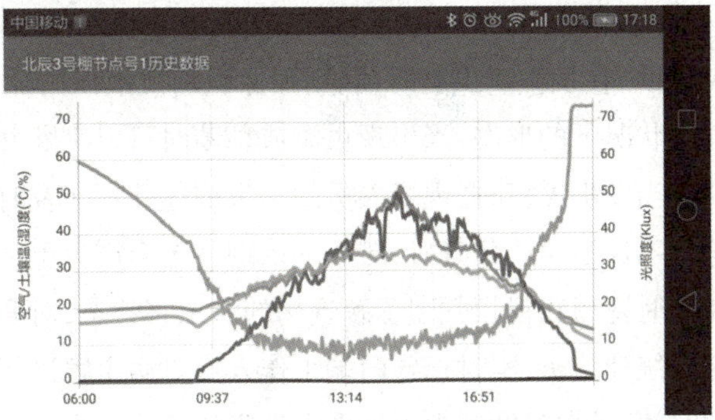

图 4-2 温室环境历史数据查询页面

用户通过手机或电脑登录系统后，可以实时查询温室内的各项环境参数、历史环境数据曲线、历史机电设备操作记录等信息；有的还可以查询当地的农业政策、市场行情、供求信息、专家通告等，实现有针对性的综合信息服务（图 4-2）；通过在系统中预先设定合适的阈值，设定值可根据农作物种类、生长周期和季节的变化进行修改，某个数据超出限制时，系统立即将警告信息发送给用户，以便用户及时采取措施。

通过温室环境监控系统，作物能得到合适的养分与精细的呵护，有利于其茁壮生长，而对环境质量的监控以及治理保护，让作物得以在清洁无污染的环境下生长，可以减少病虫害的发生，降低农药的喷洒次数，更加有利于作物的安全与品质。

二、视频图像监控是农民的千里眼

视频图像监控在温室中的作用并不仅仅是防火、防盗，更重要的是它能直观反映农作物的实时情况，可以让用户更加客观了解农作物整体状态、营养水平、是否有病虫害等，为用户的科学种植决策提供重要的依据。

农业物联网的本质是通过物联网的信息化技术手段，获取多维度和多层次的环境信息和农作物情况，作为从业者不能仅仅依据某一方面的参数就做对应的决策。例如，通过传感器获知农田存在缺水情况，但是可能因为田地的高低起伏不平存在水位差异，这时视频监控能够提供更加直观的参考依据。又如发洪水农田被淹，可能这时人已无法去到具体位置查看作物受损情况，这时通过视频监控就能清楚了解。

视频监控的另外一个重要功能是对农作物的病虫害进行预警及为远程诊断提供帮助。在发生病虫害时，利用图像识别技术，对农作物的叶状轮廓进行分析，对比健康状况下的形态，当出现虫洞或枯萎时可以判断并提示农户产生了病虫害。

当发生灾害时，现场人员的语言描述并不能及时形象地反映现场的完整情况，这样不仅延误诊断时机，滞后的治理甚至会产生更大的经济损失。农业专家可以通过实时视频和视频截图了解现场的病虫害状态，对病虫害规模、病虫害的特征进行实时统计分析，实时指导前端工作人员对病虫害进行处理，将大大缩短病虫害的治理时间，最大限度减少由病虫害带来的经济损失。

三、水肥一体化设备实现科学灌溉与施肥

节水灌溉和水肥一体化是温室大棚种植中的关键内容。传统温室大棚的灌溉和施肥管理主要依据经验人工直接参与，由于作物类别不同带来的水肥需求差异，土壤质地不同导致的土壤蓄水能力差异，过量的水溶肥置换植物根系带来的烧根问题，使大面积灌溉与施肥劳动强度大、精准度差而且浪费严重。

水肥一体化技术是农作物实现灌溉与施肥同时进行的一项技术，将肥料与水融合，利用管道系统对农作物进行适度的灌溉，在灌溉的同时农作物必需的养分也得到了满足，通过此项技术水分与肥料的管理实现了同步化，并且提高了农业中的水资源利用率，从而避免浪费，备受农户青睐。而滴灌是其中最为节水的灌水方式，利用一系列口径不同的塑料管道，将水和溶于水中的肥料通过压力管道直接输送到作物根部。

举例来说比如自动灌溉（图 4–3），水肥一体化系统通过土壤温湿度传感器来实时监测土壤温度和湿度，通过土壤温度和湿度来判断什么时候需要浇水，当需要浇水的时候系统可以自动打开灌溉系统实现灌溉，当土壤温湿度达到了标准值，系统又可以自动关闭灌溉系统（图 4–4）。从而实现自动化灌溉，避免水资源浪费！对于施肥也是一样，系

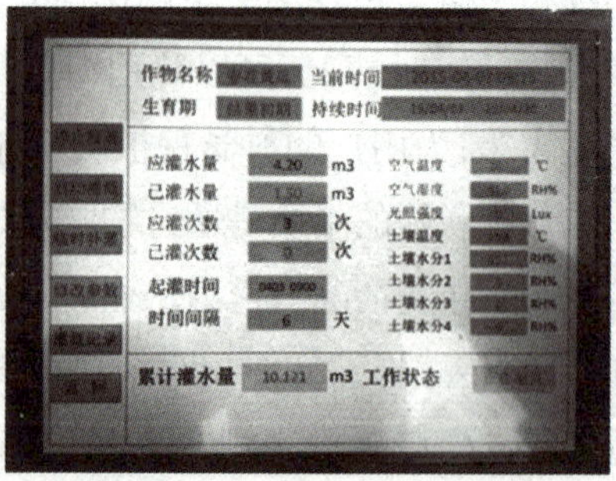

图 4–3 自动灌溉系统页面

统通过土壤氮磷钾传感器可以实时监测到土壤养分情况，通过土壤养分情况的数据，来控制施肥系统，种植者只要设定好土壤养分的标准数据，就能实现自动化控制施肥！

图 4-4 水肥一体化设备

水肥一体化系统的出现不但减轻了种植者的负担，更重要的是使用自动化系统，可以让灌溉更加科学，避免水资源的浪费，自动化的施肥也是让施肥更加合理，避免施肥过量的情况。因此水肥一体化控制系统更有利于农业生态平衡，有利于农业可持续发展，同时还可以节省大量的人力资源，促进农业现代化的实现。

四、病虫害预测预警能降低损失

农作物病虫害作为温室农业的主要灾害之一，它具有种类多、影响大、时常暴发成灾的特点，其发生范围和严重程度对农业生产常造成重大损失。作物病虫害的发生受多种因素影响，如气象、土壤、栽培条件等，这些因素与病虫害的发生呈非线性关系，具有随机性、差异性、突发性等特点。因此，科学地监测、预测并进行事先的预防和控制，对农作物增收意义重大。

设施农业病虫害预测预警系统可有效解决病虫害的预报数据，并及时发布预处理结果，实现病虫害发生前期、中期的预警分析、病虫害蔓延范围时空叠加分析；大棚对周边地区病虫害疫情进行防控预案管理、捕杀方案辅助决策、防控指令与虫情信息上传下达等功能，为设施病虫害联防联控提供分析决策和指挥调度平台。

五、常用技术及应用

1.温室种植常用技术有哪些

基质、半基质栽培、无土栽培、水肥一体化、自动测墒指导灌溉、自动放风机、自动卷帘机、绿色防控(生物防控、信息素黄板)、熊蜂、蜜蜂授粉、补光灯补光、电热硫黄熏蒸、白色遮阳网、旋耕机、线播机、授粉器等。

2.什么是自动放风机

近年来，大棚自动放风机正在逐年淘汰传统人工放风。人工放风对温室的温度控制不好，果菜长势不均，病虫害发病率高,工作量十分繁重。大棚智能放风机是一款可以智能控温、自动通风换气、机电一体化的高科技组合装备(图 4–5 和图 4–6)。通过智能控制风口的开合，精准地调节大棚的温度,减少了病虫害的发生,提高了果蔬品质及产量。进一步解放了劳动力,节约了人工成本。

图 4–5 自动放风机控制器

图 4–6 自动放风机控制设备

3.什么是智能温室卷帘机控制器

智能温室卷帘机控制器主要用于远程控制卷帘（保温被）的上卷和下放，同时配合光照度传感器，进行简单条件设置，在符合条件时可自动进行卷帘的开合，配合限位开关防止卷帘卷过。目前的控制方式主要采用红外遥控器近距离控制或物联网远程控制，远程控制可通过 PC 端或移动终端进行控制（图 4–7）。未来智能温室机的发展将进一步发展为通过传感器采集到的环境参数，智能控制卷帘机随太阳的升降自动开合。智能温室卷帘机的发展，将减少目前人工手动控制卷帘机升降所消耗的大量人力和时间成本，同时延长光照时间，最终达到增产提效的目的。

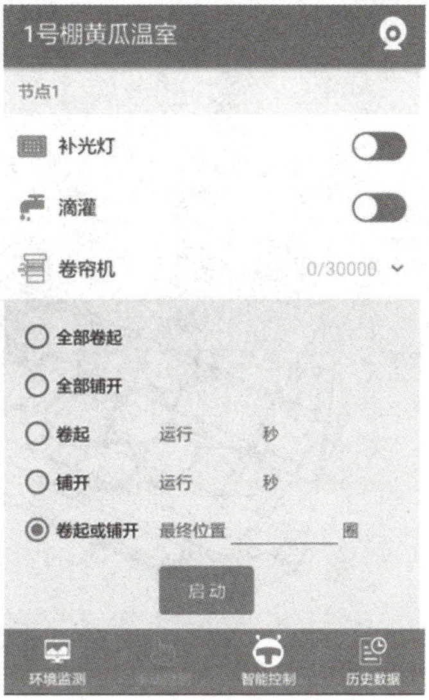

图 4–7　智能温室卷帘机控制系统手机端页面

4.什么是太阳能收集机器人

围绕“绿色、节能、增温”的核心目标，重点突破日光温室秋冬季蓄热增温的关键技术及配套技术。研发室外曲面复式太阳能收集装备（以下简称太阳能收集机器人），高效完成太阳辐射热能的收集，以蓄热介质为载体实现热量蓄积及存储，通过配套的放热装备实现热量释放，建立日光温室蓄放热一体化的示范应用基地。全面提升日光温室蓄热保温性能。

太阳能收集机器人的结构主要由透明盖板、保温层、集热器、加热管道、外壳等几部分组成。盖板的作用是产生温室效应，同时进行防尘处理。保温层可以降低集热器的热损失；集热器是多个太阳能圆形反射镜，圆形反射镜直径 50 厘米，多组圆形反射镜组成的太阳能收集机器人的尺寸直径约 1.5 米（图 4–8）。太阳光线通过透明的玻璃盖板入射到圆形反射镜上，经多组圆形反射镜反射后汇聚到集热器上，加热集热管中的蓄热介质。

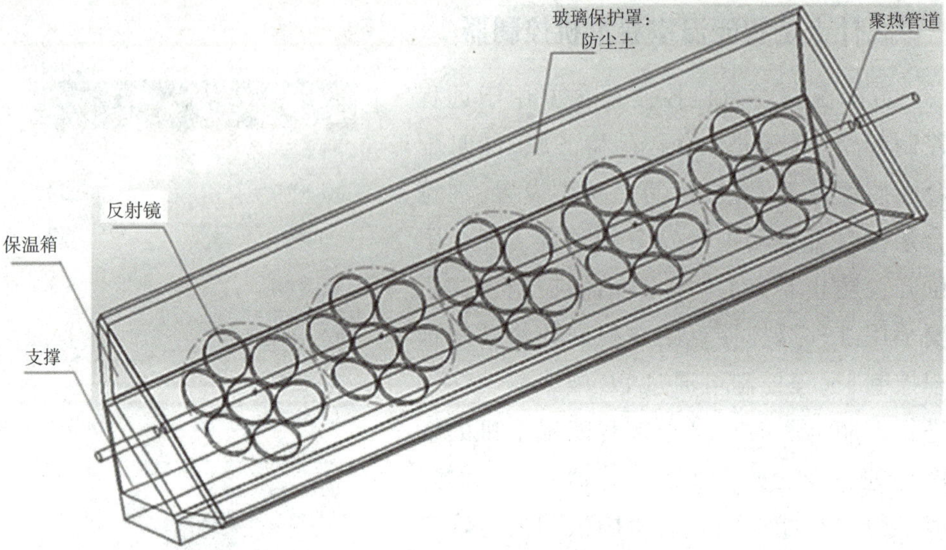

图 4–8 太阳能收集机器人结构示意图

5.什么是自动补光

通过人工补光的方式来延长光照时间，可以加快作物的生长速度，提高植株的光合速率，使光合作用增强，提高产量，最大限度地克服温室弱光寡照的障碍。但是，如果不考虑外界光照条件、环境温度等因素的变化，以及作物不同生长阶段需光量的差异性，很容易造成补光不足或过度的现象。补光过度不仅对作物的生长没有好处，还会带来额外的开销；补光不足又起不到应有的作用，所以要多方面考虑，以期实现作物的精准补光。

现如今，网络越来越发达，智能手机越来越普及，利用服务器海量的存储与强大的分析功能，以及手机的便携性和实时性来实现温室补光的远程监测与控制，使农户可以随时随地了解控制温室的状态（图 4–9 和图 4–10）。农户只需根据不同作

图 4–9 温室补光

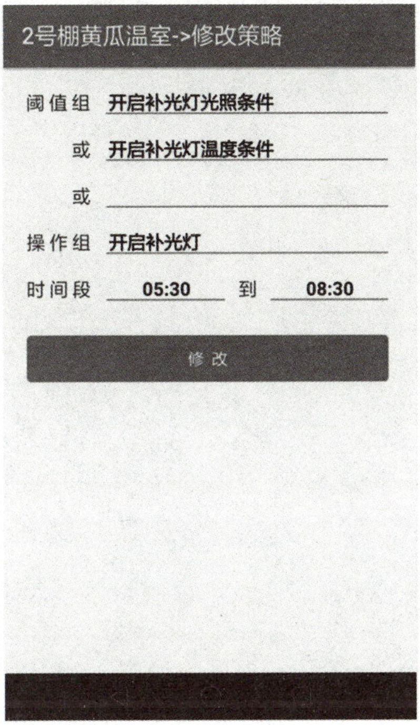

图 4-10 温室智能补光手机设定页面

物的不同培育期在手机端设定不同的补光策略，该系统就会根据当前的环境信息自动控制补光灯的开启或关闭,实现作物的精准补光。

第五章

农业物联网在林果农业中的应用

我国果树的种植区域分布广泛，传统的果树种植业一般是靠果农的经验来管理。而如今果园农业物联网采用先进的传感技术、果园信息智能处理技术和无线网络数据传输技术，通过对果园种植环境信息的测量、传输和处理，实现对果园种植环境信息的实时在线监测和智能控制。这种果园种植的现代化发展，大大减轻了果园管理人员的劳动强度。而且可以实现果园种植的高产、优质、健康和生态。

一、农业物联网对果树种植的影响

以葡萄种植为例。传统的种植葡萄方式会浪费大量的人力物力，而且对于葡萄生长的环境无法进行一个准确的测量。而随着农业物联网的出现，轻而易举地解决了这些问题。在葡萄种植区可以设置多个物联网信息采集点，对葡萄生长环境进行一个监控。监控对象主要包括葡萄种植区内的温度、湿度、光照条件、二氧化碳浓度、土壤水分、土壤养分等，然后根据传输回来的结果进行分析，将需要处理的问题以指令的形式传递给控制柜，从而对葡萄的生长环境进行改善。这样，农户只需在家动动鼠标就可以对自己的葡萄进行管理，方便快捷，节省人力成本，提高葡萄产量。

例如葡萄在被雨淋过后就会发生病害，每次突降大雨时，必须要有人工进行关棚避雨的操作。而在应用该系统以后，这些烦琐的工作，只需要点点手机上的客户端，就可以远程自动实现开棚透气、关棚避雨、浇水施肥，减少了种植过程中的人力投入，经济效益大大增加。

在智能化灌溉方面。传统的灌溉方式不能很好地节约水资源，造成水资源的浪费。而农业物联网的应用，实现了灌溉的智能化，尤其是农业物联网技术中的自动变频灌溉系统，通过物联网收集的葡萄种植环境信息，可以实现水泵的自动启动与关闭。通过物联网传感器传来的信息，感应土壤水分含量，当感应到水分较少不符合葡萄生长时，就会自动打开阀门进行灌溉，灌溉到一定程度，专家信息系统会对是否继续灌溉做出一个评估，并将专家知识和葡萄种植经验转换为控制参数，传给控制中心，作为判断当前情况的重要依据。

在智能监控方面。通过智能监控平台，管理人员可以直观地看到园区管理人员以及葡萄的生长情况，利于管理人员在葡萄园区的合理分配，实现对薄弱区域的重点管理，大大提高了管理效率。除此之外，还能通过监控传输回来的图像和视频，对葡萄不同时期的生长有一个清晰的了解。针对葡萄园区出现的问题，结合农业物联网传感器采集的信息查找问题原因，并根据查到的原因采取针对性的措施。智能监控的另一个好处是，管理人员不一定要到实地查看葡萄的生长情况，完全可以通过手机或者电脑来了解葡萄园区的情况，方便快捷，节省时间和精力。

由此可见，农业物联网平台的构建对于葡萄种植监管的作用不可小觑。通过自动控制系统和智能监管系统，管理人员可以对园区进行有效管理，传感器传输回来的葡萄生长情况如何，是否需要进行改善调整，可以通过专家信息系统对葡萄园区的生产进行管理和指导。同时对于想要购买葡萄的消费者而言，还可以通过物联网平台对葡萄的种植基地进行了解，加强消费者的信任，从而为葡萄的销售打开了更广阔的大门。

二、采摘机器人离果园还有多远

50 年前，美国学者 Schertz 和 Brown 提出了利用机器人来进行水果的采摘。之后的 50 年里，英国、法国、以色列等十几个科技发达的国家，都不断地在各自的实验室里研究智能化的水果采摘机器人，也不断有各种消息传到网上，让看了水果采摘机器人视频的网友们惊呼“老外的农业科技可真发达。”

然而几十年来，除了从网上见过几个显得非常高科技的水果机器人采摘小视频外，在各地的果园和农场里还从来没见过有哪一个果园是完全靠着水果采摘机器人进行采摘作业的。即使近年来的果园雇工成本越来越高，也鲜见有什么智能化的机器人冒出来帮着果农去采摘水果。

实际上，所谓的“水果采摘机器人”即便是在国外，也是很难产品化，很难推向市场的。这是因为，目前的水果采摘机器人在实际工作中还存在着极大的缺陷，若要真正地进入实际的水果生产工作中，要克服的困难还有很多。比如水果成熟度的判断准确率、采摘的效率、对水果的采摘损害程度等。

虽然如此，可从大的发展方向来看，水果采摘机器人还真是一大发展趋势。我们可以设想一下：将来在果园进行苹果采摘的时候，只需要对着采摘系统说一下“我要摘 20 斤苹果”，采摘系统会进行语音识别，将这句话翻译成机器能够听懂的语言。首先利用视觉传感设备找到哪几颗果树上的苹果成熟，然后将采摘的指令发给果蔬采摘机器人，机器人对苹果进行成熟度判别，并确定收获的苹果目标，引导机械手完成苹果的采摘，并且将苹果送回仓库，然后指令告诉用户已经完成苹果的采摘。用户直接去仓库就可以把苹果带回家。是不是很不可思议？

三、常用技术及应用

如何远程开关杀虫灯

物联网杀虫灯的突出优势便是其联网性，该杀虫灯与计算机技术、信息传输技术、物联网技术相结合，能够很好地实现人机互动。其可以实现远程 App 控制，远程开关杀虫灯，远程查看所有设备分布情况，远程查看每盏杀虫灯的工作状态等。如此一来，对于果农们而言，在虫害治理上便可以大大降低工作强度，不必再在夏季冒着炎热，背着沉重的喷雾器进行农药喷洒，足不出户便可以操作物联网杀虫灯，实现高效、零污染杀虫。当然，对于现代农业绿色化发展而言，更是多了一份保障。

第六章

农业物联网在畜禽养殖中的应用

我国是一个畜禽养殖业大国，随着国家经济的发展和人民生活水平的不断提高，畜禽产品的消费量也在快速增长。传统的家庭式小规模养殖模式已经慢慢淘汰，取而代之的是规模化、标准化和工厂化的养殖模式。然而，伴随规模化程度加深，规模养殖场的养殖风险也在增加，单一物种聚集化一旦发生动物疫病，那么救治或者扑杀代价都是巨大的。通过在该模式下引入物联网技术，能够让畜禽养殖生产过程实现智能化控制和透明管理，大幅提升养殖生产效率和管理水平，节省资源和劳力，降低疫病风险，提高食品安全保障能力。

一、畜禽养殖环境监控经济效益的保证

目前,我国的畜禽养殖存在部分区域养殖观念相对落后,喂料方式不科学等问题,造成了养殖效率不高、畜禽的免疫力下降、易生病等问题。此外,规模化养殖场对环境要求较高,畜禽舍内的温湿度、光照以及有害气体的排放等均能影响畜禽的生长发育。在改善畜禽舍环境方面传统的饲养方式不仅劳动强度大,还很难达到预期的饲养效果。因此,对畜禽养殖的信息化管理和对畜禽环境的科学化管理就变得尤为重要,不仅能提高养殖效率,还能减少传染病的发病率,极大地提高养殖户的经济效益。

结合畜禽养殖环境的特点,利用畜禽养殖环境监控系统对温度、湿度、有害气体浓度等主要环境参数进行准确、实时的监测。以监测数据为参考依据,对畜禽舍养殖环境进行调控,以提高畜禽舍管理效率。

通过在养殖场安装智能传感器,在线采集环境温湿度、二氧化碳、硫化氢、氨气、光照等数据,并传送到管理者手机、PC 等信息终端(图 6-1)。便于实时掌握养殖场内各环境信息,对畜禽养殖场所进行综合监控,当所监测的数据存在异常时可通过报警平台以短信或声光报警的形式及时告知相关技术人员。管理者可通过监测到的数据进行远程手动控制设备(如自动风机通风、水帘降温、照明设备补充光照)自动开启,或事先设置各项环境参数的阈值进行自动控制,为畜禽提供一个舒适的生长环境。通过物联网技术对养殖舍内环境信息的自动监测,还积累了大量数据,结合畜禽生长性能测定,为畜禽育种提供了大数据基础。

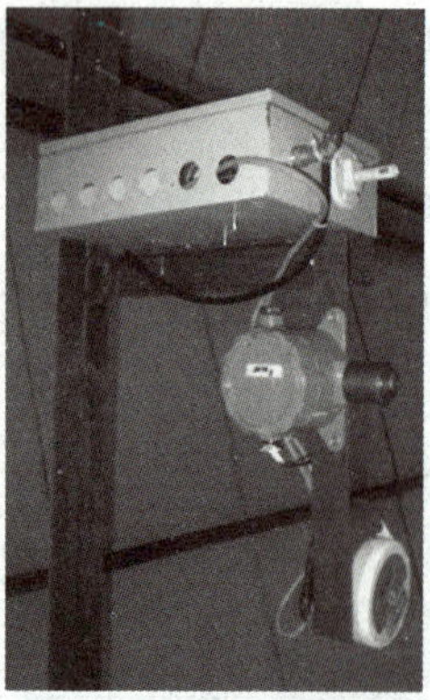

图 6-1 养猪场环境信息智能传感器

该系统可以减少人员进出车间的频率, 杜绝疾病的传播,提高畜禽防疫能力,保障安全生产,实现生产效益最大化。另外,也可进行重点畜禽个体监测、音乐播放、分贝噪声报警、紫外线消毒等个性化特色功能,大大提高饲养效率,减少人力、物力的投入。

如在某养猪场猪舍的中间位置安装环境参数传感器,包括温湿度、光照、二氧化碳、风速、氨气。温湿度、二氧化碳、风速传感器安装在保护箱内部。由于传感器需

要，光照传感器直接在外部安装，氨气传感器本身为防爆外壳，也安装在保护箱外部。传感器与线缆之间采用航空插头连接，便于猪舍打扫时拆下传感器，避免了由于进水造成的设备损坏(图 6-2)。环境参数采集程序自动将所有数据采集并存储到数据库中(图 6-3)。

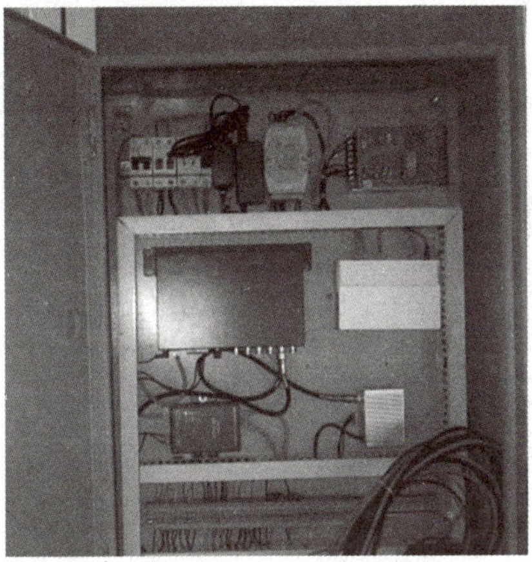

图 6-2 养猪场环境信息采集设备

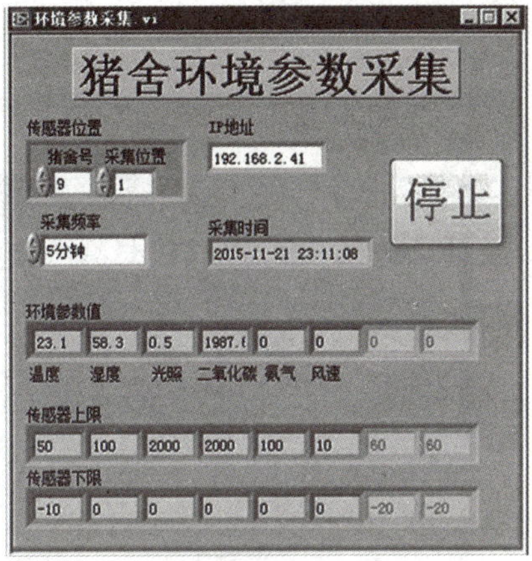

图 6-3 养猪场环境信息采集设备页面

同时，可以搭建远程管理系统的软件平台，通过 WEB 页面展示数据。系统包含 7 个模块：体重预估、实时监控、统计查询、消耗录入、报警设置、短信平台、用户管理。访问各模块之前必须先登陆软件系统。

实时监控即系统主界面是猪场平面图，鼠标指到每栋猪舍会自动显示猪舍的环境数据和水、电、料的消耗数据。点击某栋猪舍即可进入此猪舍的剖面图显示界面，可以看到猪舍内部的设施状况，如图 6-4 所示。

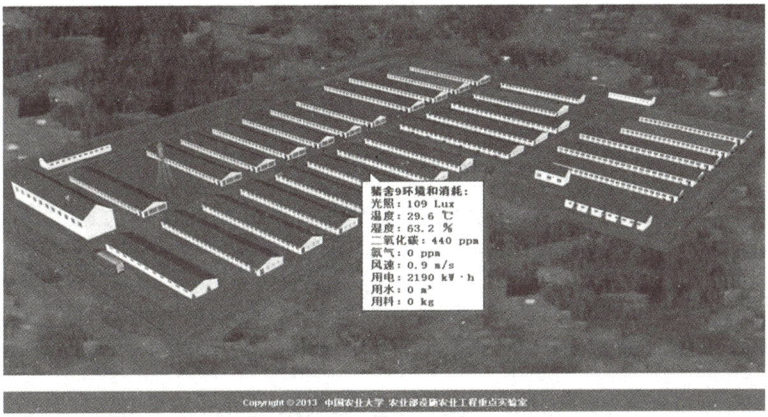

图 6-4 猪舍剖面图

点击图中摄像头可转到此猪舍实时监控界面，单路监控如图 6–5 所示。上面一行为菜单栏，点击不同的按钮分别显示对应的系统功能。左边窗口显示实时视频监控画面；右上小窗口实时显示同猪舍的环境参数数据，依次为：温度、湿度、光照强度、二氧化碳浓度、风速、氨气浓度；右下小窗口显示生产参数，依次为：耗水量、耗电量及耗料量。

图 6–5 单路实时数据监控页面

当选择右上侧“视频控制”时，可以切换到视频控制面板，单路监控界面如图 6–6 所示。点击“抓图”可以获取任何某个时刻的猪舍照片，点击“音频”即可实时获取猪舍的声频；点击“对讲”能够实现远程对话；点击“录像”可以对猪舍进行录像（如果没有开启音频的话就只有视频信号）。“播放”和“停止”分别表示视频的输入输出；雨刷主要是清扫摄像机镜头上的灰尘，可以控制其开启关闭；最右下角的圆形图标所示为云台控制按钮，能够驱动摄像机上、下、左、右转动，通过调节云台速度滑竿，可以改变云台转动的速度。

点击主菜单栏的统计查询按钮，进入系统默认的日查询统计界面。左上窗口为查询统计结果的曲线分布图，左下小窗口为所有查询因素的统计结果，主要包括：温度、湿度、光照强度、二氧化碳浓度、风速、氨气浓度等环境参数。右上小窗口查询

图 6–6　单路视频监控页面

因素图标，点击即可按专项进行统计查询，右下窗口为查询条件输入窗口，可以查询某日某个时间段内的数据。

又比如通过手机 App 的安装来监控畜禽的养殖环境，如图 6–7 和图 6–8 所示。

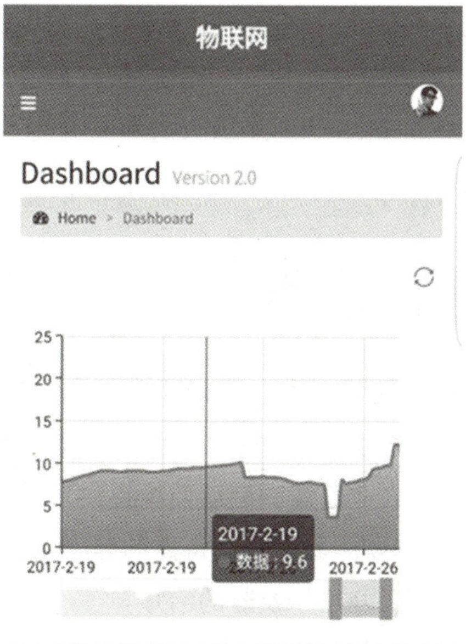

图 6–7　猪舍监测数据温度查询界面

图 6–8　猪舍监测数据界面

二、精细喂养提升养殖水平

不同日龄的畜禽对采食量和饮水量的要求不同，通过对个体进行信息识别、分析，针对畜禽的不同阶段进行分类饲养，不仅可以避免饲料的浪费，还可以提高饲料的利用率和畜禽的生长率，降低了养殖成本。

在畜禽养殖业的精细化喂养方面，就要通过畜禽专家建立的畜禽最佳养殖数据库，来确定各类畜禽养殖品种在不同生长阶段的投喂率、投喂量，科学喂养畜禽养殖品种。具体来说，就是借助物联网技术和养殖专家经验建立不同的畜禽品种在各阶段饲料成分、定量的模型，利用传感器采集的养殖场内环境信息和畜禽生长状态，建立畜禽精细投喂决策。智能服务平台通过科学计算得出畜禽当天需要的进食量和投喂次数，并进行自动投喂，避免人工饲养造成的误差。

养殖场圈舍建设和饲养机械设备为精细喂养提供了条件，通过建立精细喂养综合技术平台，依托物联网技术实现自动化定量喂养。尤其是对繁殖期的畜禽进行精细喂养，可大大提高繁殖效率，延长繁殖年限，降低养殖户的投入成本，提高畜禽的成活率。

如使用物联网，对每头母猪进行身份管理后，可根据母猪个体的年龄、妊娠阶段、体况、季节等参数来确定饲喂量，节省饲料，改善体况和提高生产性能；在数字化精准奶牛养殖中，通过各种传感器获取奶牛的体重、体况特征、运动特征和牛奶流量等参数，自动准确地识别奶牛状况；母猪大群饲养智能化管理系统，可以通过对母猪进行 GPS 的远程监控，实现对母猪的智能化饲养，极大地节省人力和成本，还可以实时监测母猪的生长状况，一旦母猪或者其生长环境产生异常就会自动报警。

三、疫病实时监测与疫情严格控制

我国畜禽养殖业近年来饱受各种疾病的困扰，给行业造成巨大损失，并成为影响制约我国畜禽养殖业发展的重要因素。随着无线技术的突破，低功耗广域网产品陆续出现，通信成本变得越来越便宜，从而为农业畜禽的健康监控提供了基础。物联网时代浪潮下，农民可以通过物联网传感器监测数以千只畜禽的健康状况，实时跟踪它们的位置，通过数据分析发现患病畜禽，并给予及时的治疗。

物联网对疾病的防疫和疫情的防控具有非常重要的作用。利用物联网技术，对养殖场的畜禽使用动物标识，实现畜禽个体的唯一性，便于检疫工作的进行；建立全自动的现代化养殖场，做到自动控温、自动供料供水，减少畜禽与致病菌接触的可能性；通过视频监控、移动摄像以及光纤宽带网络视频传输等技术在畜禽养殖场内建立疾病防疫和疫情防控智能监控系统，通过全景视频对畜禽养殖场进行360°无死角监控，统一对养殖场进行全面、实时、直观的监控，加强对疫情的管制，实现远程调控和监管畜禽生产全过程的温度、湿度等因素，有效地防控疾病和疫情；通过埋植芯片和其他智能采集装置收集畜禽生理状况指标，传入计算机系统，分析健康状况，进行疫病监测。对检测到的生理数据结合临床诊断进行初判分析，当出现异常数据时系统可及时向管理者报警，让管理者及时采取相应措施，便于开展动物疫病防控，对畜禽进行早治疗，防止疫病大规模暴发；同时，当疫情发生时可以远程为养殖户提供指导和诊疗服务，指导他们各自进行治疗工作，降低养殖户的经济损失，有利于控制疾病和抑制疫情的扩散；在疫苗效果监测方面，通过对畜禽个体建立一套完整的免疫档案，物联网技术可以监测其在生长发育过程中使用过的疫苗种类、剂量、次数、发病情况、主要病症以及用药情况等，以完成对养殖过程的管理。

对畜禽排泄物的清理及处理是畜禽饲养过程的重要环节之一。"一日一清洁，一日一消毒"能在源头上杜绝病菌的传播而对排泄物应该进行无害化处理，既能有效回收利用又能达到环保的目的。但是，通过人工对畜禽排泄物进行清洁，耗时又费力，很难做到日日清洁。而粪便自动清理机器的出现正好解决了这一问题，减少了畜禽排泄物的囤积，就减少了病原菌，降低了疫病暴发的可能性。

四、母畜智能监控提升畜禽繁育能力

在畜禽生产中，一旦错过了母畜发情的最佳时间就会降低繁育能力。因此，要提高畜禽的繁殖率，就要清楚地知道畜禽的发情期。通过射频识别技术对母畜个体进行标识，通过视频监测母畜行为状态，通过温度传感器测量母畜体温状况，以动物繁育知识为基础，采用信息化技术提高公畜和母畜繁殖效率，减少繁殖家畜饲养量，进而降低生产成本和饲料、饲草资源占有率。同时对配种和育种环境进行监控，为动物繁殖提供最适宜的环境，全方位地管理监控动物繁育。如使用物联网技术，自动监控母猪发情，使母猪及时配种，提高受孕率，提高母猪生产力。

此外，越来越多的先进传感器被用于养殖场监控畜禽，农民甚至可以知道畜禽什么时候怀孕，什么时候开始分娩，通过检测动物的羊水，检测出什么时候破裂并提醒农民该动物将进行分娩。这些技术让农民能够更轻松地照顾他们的畜禽，及时提供畜禽的健康和位置状态，从而进一步提高存活率和提升养殖场的产出，让更多的肉、蛋、牛奶和奶酪走上消费者的餐桌。

五、常用技术及应用

RFID 在畜牧生产对象识别中的应用

最近几年，动物疫情在全球范围内不断暴发，造成巨大经济损失的同时，也严重危害着人们的身体健康和生命安全。为此，各国政府开始重视对畜禽疾病的预防、监督和控制，将射频识别技术应用于畜牧业，实现动物的跟踪识别，以期增强动物溯源机制。国际标准 ISO11784 和 ISO11785 在畜牧生产管理领域也规定了用 RFID 系统进行动物识别的相关代码结构和技术准则。当佩戴有电子标签的动物进入固定式阅读器的工作区域或手持式阅读器靠近佩戴有电子标签的动物时，即可自动识别电子标签中存储的动物个体相关信息。

常见的应答器安装方式有项圈式、耳牌式、注射式和药丸式 4 种。

●项圈式应答器主要用于饲料自动配给系统和牛奶产量自动统计系统中，可以方便实现不同动物之间的循环利用。

●耳牌式应答器，最大可以在 1 米的距离接收相关数据读写，相较于条形码耳牌更适用于自动化饲养过程，而且随着技术的发展，其成本也不断下降，因而其大有替代条码型耳牌的趋势。

●注射式应答器相对于以上两种方式发展较晚，在近十年才开始应用。其原理是利用特殊工具在需要标识的动物皮下放置应答器。但是这种安装方式可能会因为应答器的位置不稳定而导致阅读器不能正常读取数据。

●药丸式应答器安装在耐酸的圆柱陶瓷外壳里面，是一种很有效的安装方式。一旦药丸式应答器放置到反刍动物的前胃叶内，应答器将伴随动物终生，实现其个体信息的标识。

第七章

农业物联网在水产养殖中的应用

水产行业是比较传统的行业，随着社会的发展，人力成本越来越高，社会对生态环境、食品安全的重视也日益增强。在这种背景下，深化水产养殖业结构调整，提高水产品市场竞争力，推进水产养殖业信息化、智能化、自动化的要求比以往任何时候都显得更为紧迫。物联网技术在我国水产养殖中具有巨大的发展前景，充分利用物联网技术所具有的优势，能够在很大程度上保障水产养殖的安全、健康、高产，水产养殖有效使用物联网技术还能够充分保证水产养殖的可持续发展。

一、水产养殖环境监控守护鱼类生命

“养鱼先养水”,这是大多数养鱼人都熟知的一句话。调节好水质是保证鱼类健康成长的关键,水的含氧量、pH 值、氨氮浓度等都能影响鱼的成长甚至生命。

在传统水产养殖中,由于对环境的监控主要是依赖人力来完成,无法实时掌控水体的具体信息。当温度和 pH 值过高或者水体中氧含量过低时往往无法及时发现,这将会给养殖户带来巨大的损失。按照传统的养殖方法,如果在巡塘中发现了问题,需要先对养殖水体采样化验,看看到底是哪项数据出现了问题,然后再“对症下药”,经过现场采样、化验再到出结果这段时间内,就有可能导致整个池塘缺氧,造成鱼虾大量死亡,从而造成巨大经济损失。

通过传感器等物联网设备的运用,能够对水体的各项指标(水温度、光照、余氯、pH 值、溶解氧、浊度、盐度、氨氮含量等)进行实时监测,养殖户可以通过手机 App 端实时查看水质情况,并远程控制相关设备进行调节。当某些检测参数超过预先设定的临界值时,可自动报警,及时提醒养殖户注意。如高温缺氧鱼类浮头需要增氧时向农户及时提醒,并可利用手机终端自动控制增氧。这样便大大降低了鱼类死亡的风险,能尽量避免因环境突变造成的养殖水产损失,还降低了养殖户的劳动强度(图 7–1 和图 7–2)。

图 7–1 池塘水质监测设备

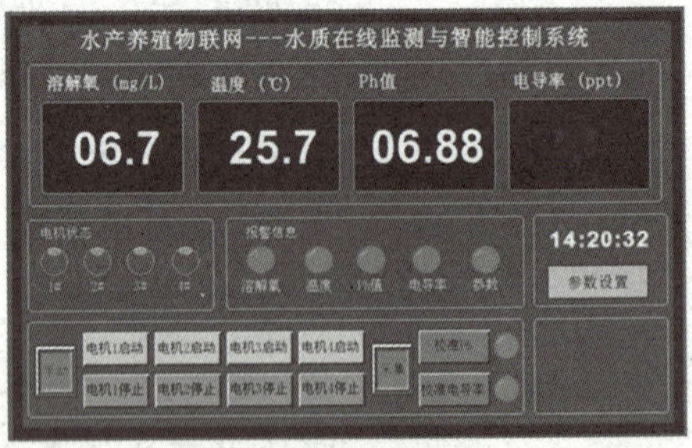

图 7–2 池塘水质监测与智能控制系统界面

由此可见,采用物联网技术能够帮助养殖户不必经常去到养殖现场监视养殖场地的情况,在养殖场地中适当的安装一些监控设备便可,从而能够通过手机、电脑等对养殖场地进行监视,并且还能及时发现养殖中所发生的问题并采取有效的措施进行解决。

二、水产养殖区域管理监控

在养殖区域中进行管理监控主要是采用养殖区气象监测系统与视频监控系统来进行的。

养殖区气象监测系统主要是对养殖区域中的气象环境进行监测，主要对气压、气温、干湿度、风力大小及方向等数据进行的监测，并且将所检测出的数据进行科学且合理的分析后，知道在各类环境中何种气候对水产养殖效果良好，还可以为水产养殖防病、防灾预警提供有效数据支持。

视频监控系统则是为了方便养殖户的监控与管理，并且能够对养殖场进行全方位的掌握，做到全程监控，如实现养殖场内活动监控、定点监控、入侵监测等功能，并且在物联网设备使用时同步视频定向监控等。对养殖场进行安装监控系统后，能够充分了解到养殖对象的具体情况，及时能够发现潜在问题并解决，通过对养殖物种的生长状况进行实时监控，并根据养殖要求及物种生长情况投放饲料、清理垃圾、调节防病药物用量，基于数据的数字化管理方式可以实现对养殖物种的生长调控、病虫害预防和及时治疗，从而便利了养殖户，也能够做到合理养殖。

三、饲料投喂实现精细化、精准化喂养

在水产养殖过程中，配合饲料投喂能提高水产品免疫性能，但每天饲料的投喂需要人完成，并记录不同养殖池塘、不同时间的实际投喂量、费时耗力。近年来，物联网技术的应用逐渐使传统的水产养殖朝着生态、健康、精准、智能养殖的方向发展，其中对于饲料称重、投放和数据统计的远程智能管理与控制是物联网时代水产养殖的重要环节（图 7–3 和图 7–4）。

图 7–3 自动投饵机

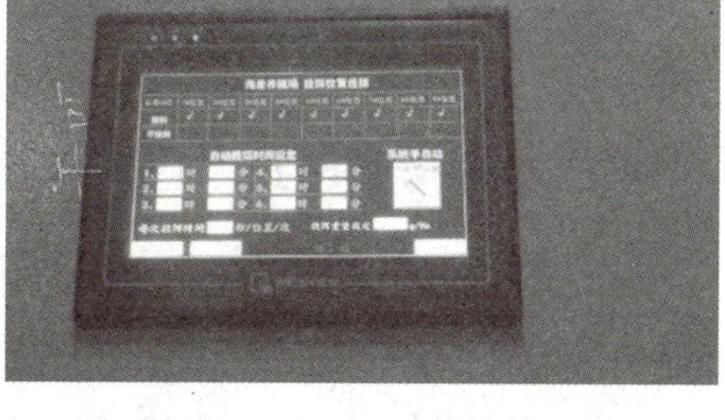

图 7–4 自动投饵控制界面

针对水产养殖过程中的不同养殖品种、不同养殖规模、不同养殖模式，充分利用现代传感技术、无线网络技术、智能控制技术、大数据技术以及人工智能技术，结合生物生长规律性模型和水产养殖的理论和方法，所形成的智能化、网络化、无线化、专家化的全过程精细养殖管理服务平台和集成系统就是水产养殖物联网。

如依据水产品在各养殖阶段的营养成分需求，根据各养殖品种长度与重量的关系，光照度、水温、溶氧量、养殖密度等养殖环境因素与饵料养分的吸收能力、摄取量的关系，借助养殖专家经验建立不同养殖品种的生长阶段与投喂率、投喂量间定量关系模型和数据库，进行细致分析，根据水产品的生长过程，分阶段针对性的投放饲料，实现“精细化”“精准化”的饲养，降低生产成本；通过数字化管理系统，能够对养殖的密度、养料投放量、养殖参数等进行科学分析，并按照分析的结果实行分类、分塘、差别化精确管理。如若出现疾病，还可进行会诊并给予治疗方案。

四、远程疾病诊断缩短患病时间

物联网背景下，水产养殖动物病害远程诊断的支撑技术是计算机视觉、图像处理、模式识别、人工智能等。利用图像远程无线传输技术，突破地域限制和技术瓶颈，实现养殖户现场拍照，专家远程诊断，大大缩短疾病诊断时间，提高对病害的治疗和控制力。具体流程是：首先，养殖户利用智能手机、数码照相机等设备拍摄水产养殖动物病灶部位，必要时还需拍摄养殖现场环境，提供水质及喂养信息；然后，利用移动通信网络、互联网等通信方式将拍摄的病害图片上传到系统；最后，系统在对接收到的图片进行分割、去噪、特征提取、识别与分析等一系列处理后，水产专家对病害做出诊断，再利用移动通信网络、互联网等通信方式将诊断结果传递给用户。必要时，还可以通过视频技术进行沟通和查看水产患病情况。

五、常用技术及应用

水产养殖物联网技术应用主要集中在哪儿方面

水产养殖物联网技术应用主要集中在水质自动监测调控、自动投饵、自动分鱼转池、水产品物流、水产品质量安全监管与追溯、水产品电子交易、水产品自动分级、病害远程诊断和循环水控制等方面。

第八章

农业物联网在冷链物流中的应用

将先进的物联网技术应用到生鲜品农业(FAP)的冷链物流环节中，对于切实提高冷链物流环节技术含量和信息化水平，降低生鲜品腐损率，对于解决农民“卖果难”“卖菜难”，扩大市场，提高市场竞争力，增加农民收入和丰富市民餐桌，具有重大现实意义。

自2011年开始，陈绍慧研究员负责的国家科技支撑项目《农产品流通保鲜共性核心技术研发》，与南开大学程如岐教授、高艺博士和天津商业大学鲁晓翔教授等组建的团队就物联网在冷链物流应用上的关键技术开展了系统研究，经过几年的不懈努力，通过“一种基于物联网的生鲜品感知仪及保冷供应链的监控方法”“RFID与二维码的双识别技术”“全时空在线移动智能冷库”等一批关键技术的发明与应用，实现了冷链物流的全程无缝监控与预警，农产品从生产到加工、包装、运输、冷库整个流程均有监测终端实时监测，整个流程不断链，并提供可供追溯的近期数据和历史数据，使产品始终处于要求范围内的温湿度，有效保障农产品的品质（图8-1）。

图8-1 全程冷链流通示意图

一、物联网果蔬冷链流通全程一体化监控系统

通过将物联网技术、RFID电子标签技术与二维码技术、3G/4G网络传输技术等多种技术进行集成应用，形成现代生鲜品冷链物流高效管理系统与信息化共享平台，实现农产品保鲜环节高效智能管理，切实减少生鲜品保鲜环节腐损率。并根据生鲜果蔬菜生理生化控制的原理和理论，应用温度、湿度、气体等多项调控技术研究了几种重要果蔬的保鲜期预测模型，并以此模型为基础，采用RFID与二维码双识别技术、生鲜品全程感知仪、全时空在线移动智能冷库等多种技术设备手段相结合，建立完整的基于物联网的农产品全程冷链品质监控共享系统以及完整的信息共享平台。

整个冷链流程如图8-2所示，果蔬采摘后首先利用RFID与二维码双识别技术进行建档与绑定，然后进入预冷、商品化预处理等冷链流通环节，在预冷、冷藏环节中，新型的全时空在线的移动智能冷库可以对果蔬温湿度等信息进行实时监控与数据记录，在冷藏运销环节，应用生鲜品感知仪的灵活性可以实现整个运输环节的温湿度等信息的实时监控，并且将RFID卡与货物进行绑定管理，就可以实现运销环节的不断链监控，进入消费环节后，消费者只需要扫描唯一绑定的二维码就可以了解果蔬的整个冷链的历史信息、货架期等重要信息。每个冷链流通环节，都通过智能移动冷库、生鲜品感知仪等具有全时空在线能力的设备与数据共享中心进行实时的数据交换，用户通过专用的 WEB 网站或手机 App 随时随地的监控果蔬的实时情况，从而真正实现了整个冷链流通各个环节的不断链实时监控与溯源。

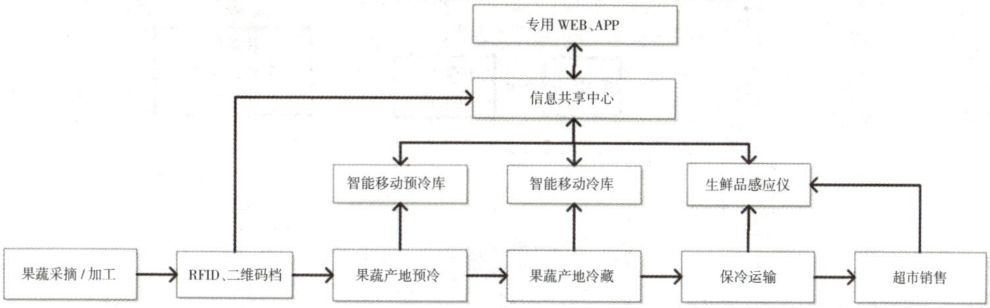

图 8-2 果蔬冷链流通全程一体化系统组成

二、基于双识别技术的果蔬冷链物流产品信息共享机制

果蔬冷链物流产品信息双识别技术基于陈绍慧研究员 “一种基于物联网的生鲜品感知仪及保冷供应链的监控方法”专利技术，基于物联网信息共享平台，综合运用 RFID 与二维码识别技术，将 RFID 识别码与特殊二维码进行唯一绑定，从而实现果蔬冷链流通从产地预冷、产地冷藏以及产地冷藏运销的整个冷链物流环节的全程无缝监控以及信息的实时透明共享。利用 RFID 与二维码识别技术特点的强互补性，将 RFID 与二维码识别技术相结合，取长补短，充分发挥 RFID 技术的强信息识别能力及高安全性，以及二维码技术消费者主动识别方便快捷，便于与互联网相结合的优点。该技术的应用实现了果蔬产品的信息录入与身份识别，为实现果蔬的冷链物流的全程不间断无缝监控与信息共享奠定基础，切实提高供应链环节技术含量和信息化水平，降低生鲜果蔬腐损率，减少供应链环节，提高农产品经济效益（图 8-3）。

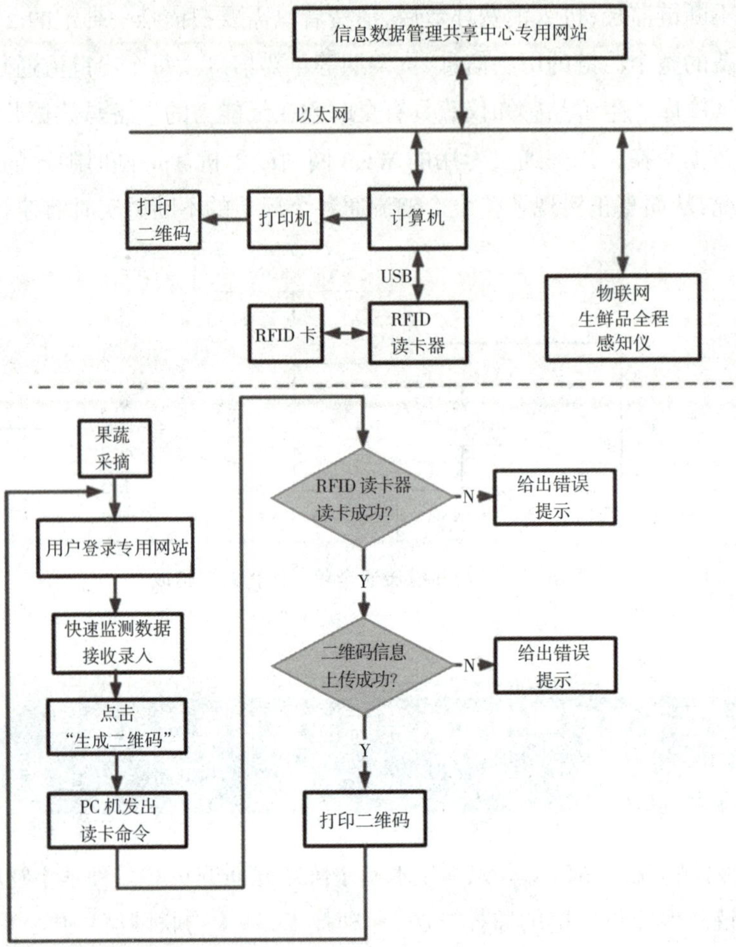

图 8-3 双识别技术实现流程

果蔬采摘后，首先用户要在专用果蔬流通 WEB 网站进行登录，并在该果蔬流通 WEB 网站上的指定界面，录入果蔬名称、产地等相关信息（一般是以单选框等的形式完成录入），录入后，点击“生成二维码”，则 PC 机开始通过 USB 口读取 RFID 卡的信息，如果读卡成功，且二维码及相关信息上传到果蔬流通 WEB 网站的数据库成功，则控制打印机打印二维码，并保存电子版的二维码及相关文档信息至特定位置。该二维码当中蕴含了网站、果蔬编号、产地、所有者、该类果蔬录入次数、RFID 卡的卡号等信息。从而，完成 RFID 识别码与二维码的唯一绑定。如果没有 RFID 卡或读卡错误或上传不成功，则不能生成二维码，并给出相应的错误提示。在

"果蔬产地预冷""果蔬产地冷藏"及"果蔬产地冷藏运销"等环节，每个环节配备一个果蔬物联网感知仪。并对每个果蔬环节物联网感知仪进行唯一编码，从而对冷链的各个环节进行区分标识。该果蔬物联网感知仪可以通过 3G/4G 模块与网站进行双向数据通信。在上述各个冷链流通的环节中，利用果蔬物联网感知仪刷与二维码绑定的 RFID 卡，则果蔬物联网感知仪上传给果蔬流通 WEB 网站 RFID 卡号、当前感知仪编号及温、湿度等信息，果蔬流通 WEB 网站回馈给果蔬物联网感知仪果蔬品名、产地等录入的二维码信息。在冷链流通的不同环节，通过刷同一的 RFID 卡，则果蔬流通 WEB 网站收到的感知仪编号不同，而 RFID 卡号相同，此时证明果蔬进入下一个流通环节，则果蔬流通 WEB 网站向上一环节的果蔬物联网感知仪发出待机指令，从而完成了各个冷链流通环节的无缝链接。在面向消费者的果蔬分销环节，消费者可以用手机配合相应的 App 软件或者其他识别设备，扫描二维码，则该软件会登陆果蔬流通 WEB 网站，根据二维码找到与之绑定的 RFID 信息，获取相关果蔬的整个冷链流通信息并根据用户权限进行显示。在完成整个的冷链流通环节后，RFID 卡回收，只需要在果蔬流通 WEB 网站的数据库端，解除该 RFID 对相应果蔬的数据绑定。

三、物联网生鲜品全程感知仪

生鲜品全程感知仪基于物联网技术，负责冷库或者冷藏车的温湿度、二氧化碳、氧气等环境参数等采集与处理，实现了对生鲜品全程冷链的不间断的环境参数的监控；结合 RFID/二维码的双识别技术、4G/3G 网络传输技术，并且具备 GPS 功能，为实现全程冷链的无缝实时监控提供了技术保障；采用 4G/3G 网络与远程服务器进行实时的数据交换。

四、物联网全时空在线智能移动冷库

全时空在线智能移动冷库采用模块化预装配库体和智能一体机，基于物联网技术可实现冷库的位置、温度、故障诊断、远程智能监控和控制，为冷库工程商，冷库用户，维保运营商与冷库制冷系统搭建起来的一个数据共享、分级管理、远程管控、故障预警、远程调试、实时记录等集合一起的云平台。保障设备机器安全可靠稳定运行，提高冷库的运行效率、节省能源消耗，降低冷库运营成本、实现远程和手机

App 的智能控制和轻松管理，为冷库的正常运行和日常管理提供有力的保障。

1.全时空在线智能移动冷库特色

在冷链流通中，果蔬的产地预冷与冷藏是重要环节，需要具有预冷和冷藏功能的冷库。传统的冷库不具备物联网功能，不能进行远程的实时监控。同时具有预冷库和冷藏库对农民来说也是很大的经济负担。在陈绍慧教授带领下，南开大学物联网技术团队攻克难关，采用多种先进技术，实现了模块化预装配库体加智能物联网制冷一体机的全时空在线智能移动冷库，实现了在-20℃~10℃的高低温通打。该冷库具有安全性、节能性与便捷性的优点如图 8-4，作为天津市农委“全时空在线智能移动冷库及保鲜技术推广示范”项目得到广泛推广。系统主要功能如下。

●实时监控冷库各项参数，如温湿度、温差、电流、高压、低压、二氧化碳浓度等；了解冷库当前运行状态，如制冷、待机、融霜等。

●全自动故障预警、报警；冷库发生异常情况，手机 App 能够及时报警，冷库现场可无人值守；可辅助客户对机组维护保养。

●智能远程控制，远程执行开关机、温度、温差等操作命令；单个冷库独立设定或多间冷库统一设置；可设置单人监控或多人同时监控。

●全面的日志管理，查看和输出机组历史运行参数，登录日志、报警日志等。

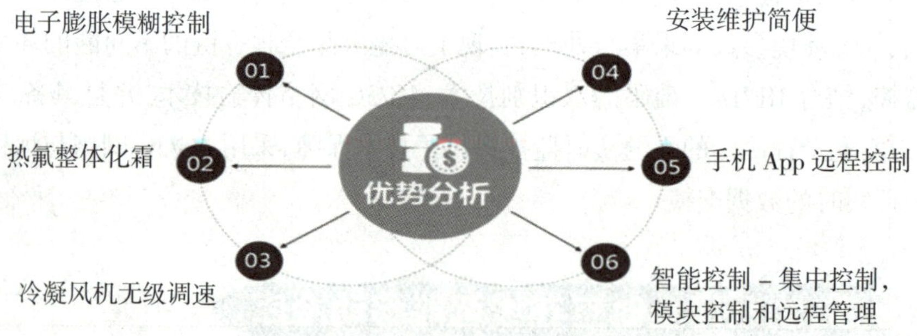

图 8-4　全时空在线智能移动冷库技术特点

●全时空在线智能移动冷库特色。

●控制系统采用高精度双压力传感器、10 余个温度传感器，能够根据实时检测的系统过热度、过冷度，库内环境、外部环境等多参量，采用自适应模糊控制算法，实时控制双电子膨胀阀，实时控制系统的工作状态，最大程度有效利用蒸发器、冷凝器面积，极大程度提高了系统的效率与能效比，与传统机型相比节电 40%以上。

●智能按需热氟除霜系统可根据库温、蒸发温度智能判断冷风机结霜情况自主进入化霜程序，高效快速、节省能耗。

●三相电能监测系统能够实时检测三相电供电情况，保障系统供电安全，并且能够对系统的整体以及主要耗电部件的能源使用情况进行实时在线监测与分析，使用户实时了解系统的运行耗电情况。

●冷凝风机与蒸发器风机采用双极联动调速技术，根据冷凝温度、蒸发器温度直接控制风机转速，既能保证系统安全运行，又能减少风机过转速能耗。

●一体化物联网监控系统将最新的 NB-IOT、GPS、AI 故障预测算法等多种先进技术集于一身，能够使用户通过 WEB 平台、手机 App 等多种方式全时空在线掌握整个系统的运行状态、库内环境信息、系统能耗状况等多种信息，并能实现远程温度、开关机、门控等多种在线控制。根据 AI 故障预测算法实时预测系统运行故障，实现故障实时自检、故障分析与预警。

●机组适用中小型冷库等多种场合，现场接线通电即可使用，安装简单便利，挂墙安装尺寸紧凑，AI 故障评测系统实现现场无人值守并能辅助客户对机组维护保养。

2.全时空在线智能移动冷库云平台

智能移动冷库云平台系统以 GIS 地理信息网络平台和数据共享中心数据库为依托，综合考虑智能冷库远程监控系统的业务范畴。系统应充分考虑智能冷库远程监控系统中的四层结构的相互衔接性。系统采用多功能模块化设计，对物联网传感数据进行多维度采集，大数据分析、诊断，并对海量数据智能建模，最终实现分类别告知、报警。

智能移动冷库云平台系统主要包含采集信息、远程控制、综合显示、异常报警、GIS 管理、智能分析与评测、智慧用电、用户综合服务、移动 App 服务等多个功能模块(图 8-5)。

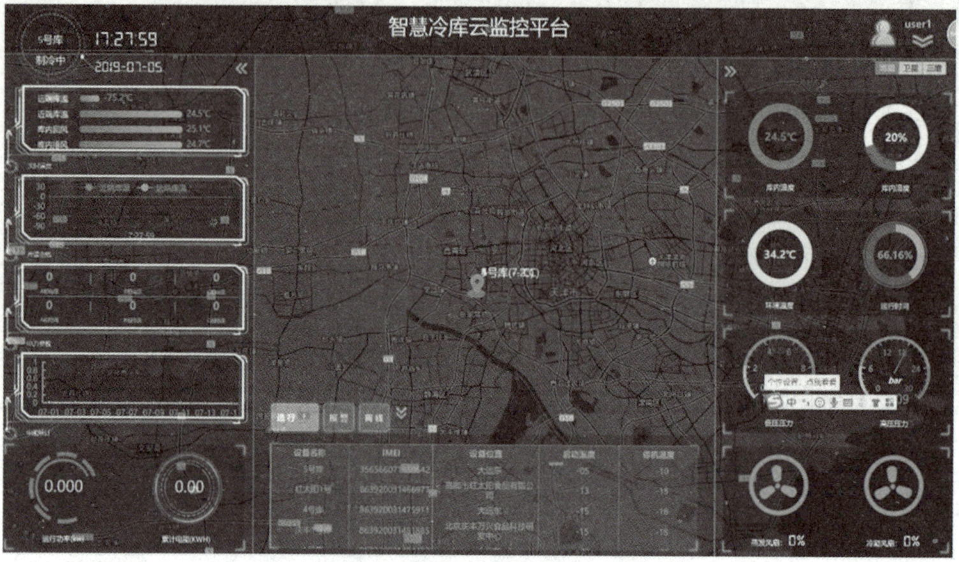

图 8-5 智慧冷库云平台监控系统主界面

五、常见问题及解决办法

1.什么是果蔬冷链物流

果蔬冷链物流泛指果蔬等生鲜品在生产、贮藏运输、销售，到消费前的各个环节中始终处于规定的低温环境下，以保证食品质量，减少食品损耗的一项系统工程。它是随着科学技术的进步、制冷技术的发展而建立起来的，是以冷冻工艺学为基础、以制冷技术为手段的低温物流过程。

2.如何利用 RFID 与二维码技术相结合实现冷链物流的全程不断链监控

果蔬采摘后首先利用 RFID 与二维码双识别技术进行建档与绑定，然后进入预冷、商品化预处理等冷链流通环节，将 RFID 识别码与特殊二维码进行唯一绑定，从而实现果蔬冷链流通从产地预冷、产地冷藏以及产地冷藏运销的整个冷链物流环节的全程无缝的监控以及信息的实时透明共享。这样充分利用 RFID 与二维码识别技术特点的强互补性，将 RFID 与二维码识别技术相结合，取长补短，充分发挥 RFID 技术的强信息识别能力及高安全性，以及二维码技术消费者主动识别方便快捷，便于与互联网相结合的优点。该技术的应用实现了果蔬产品的信息录入与身份识别，为实现果蔬的冷链物流的全程不间断无缝监控与信息共享奠定基础，切实提高供应链环节技术含量和信息化水平，降低生鲜果蔬腐损率，减少供应链环节，提高农产品收入。

3.生鲜品感知仪的主要作用是什么

传统冷链环节中，有很多包括预冷、本地冷藏以及冷藏运销环节因为软硬件条件限制，不具备全时空在线监控的能力，在这种情况下我们就可以利用生鲜品感知仪与传统识别相结合，实现对于农产品的实时的在线温湿度等重要信息的监控，并且可以通过生鲜品感知仪与全程数据中心相连接，用户就可以通过专用 WEB 网站、手机 App 等方式全时空在线的了解农产品的整个冷链的历史信息、货架期等重要信息。

4.如何选择生鲜品感知仪

生鲜品感知仪是果蔬冷链流通全程一体化监控系统的重要组成部分，生鲜品感知仪实物。以天津诚熠天颖智能科技有限公司生产的产品为例，全程生鲜品感知仪整体框图如图 8–6 所示。

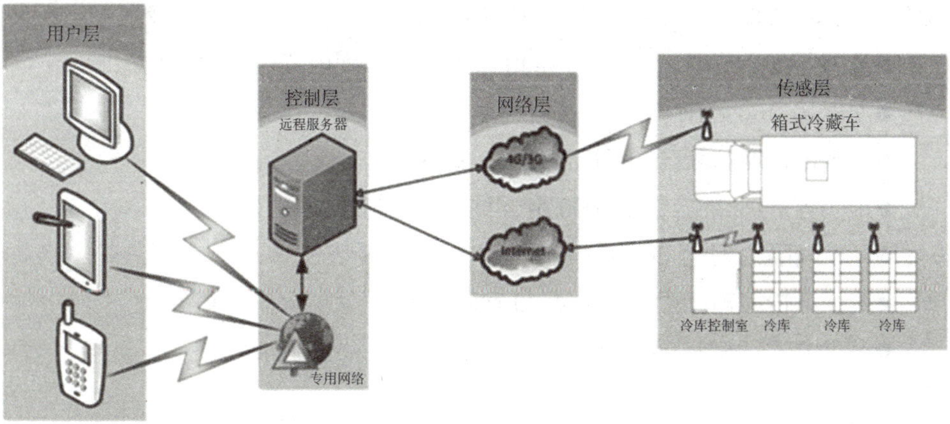

图 8–6 生鲜品全程感知仪系统组成框图

为了实现生鲜品冷链的全程无缝实时监控，该系统采用了传感层、网络层、控制层、用户层四层结构。

●传感层主要负责冷库或者冷藏车的温湿度、二氧化碳、氧气等环境参数等采集与处理。并且为了实现生鲜品冷链全程无缝实时的监控，系统结合 RFID 电子标签技术，将 RFID 卡信息与被监控生鲜品进行唯一绑定，用于农产品的信息录入与身份识别，同时，通过 RFID 与二维码的捆绑，从而使消费者在市场上就可以全程追溯生鲜品的食品安全状况。

●网络层主要负责实时环境信息的收集与上传，其中针对库用系统网络连接采用 TCP/IP 的有线连接方式，该方式具有技术成熟、连接速度快、网络稳定的优点。对于车载的方式，利用 4G/3G 网络传输技术，并且具备 GPS 功能，实现农产品从仓储、运输、销售等环节的远程实时信息监测，收集，分析，传输与智能预警。

●控制层对农产品的身份、实时环境等信息进行集中收集，并结合蔬菜、水果等农产品的保鲜模型，对农产品的保鲜期等重要信息进行预测、信息共享与智能预警。完成信息的集中分析、查询、管理和网上销售等。

●用户层针对不同的信息终端设计了专用的网站和手机专用的 App，通过这些用户界面，用户就可以随时随地对生鲜品进行在线的信息查询、全程追溯，网络消费等。

本全程生鲜品感知仪利用 STM32F103VCT6 为主控芯片并结合温湿度、氧气及二氧化碳浓度传感器，RFID、3G/4G 模块构建了完整的生鲜品感知仪系统。该系统由生鲜品感知仪以及专用的网站构成，系统实现了对生鲜品全程冷链的不间断的环境参数的监控。系统具体技术参数如下。

●传感器测量范围：温度外置：-40℃~100℃，温度内置：-20℃~60℃。

●湿度：0~100%RH。

●传感器精度：温度：±0.5℃ 湿度：±3%RH。

●记录容量：标准容量 10 000 组，可根据用户实际需求扩容。

●记录间隔：2 秒至 24 小时可设置。

●数据上传间隔：可预置，默认 30 秒。

●通讯方式：RS232（可选配 RS485 通讯方式），GPRS 网络。

●电源规格：DC12V 1A。

●整机功耗：≤0.24W。

●感知仪适用环境：-20℃~60℃。

5.什么是全时空在线智能移动冷库

全时空在线智能移动冷库是一种将物联网技术、自动控制技术、制冷技术相结合的具备全时空在线能力的智能冷库系统。该系统利用 3G/4G 网络传输技术、

GPS\GIS 技术实现对冷库系统的温度、压力、压缩机运行状态等运行数据的 24 小时全时域与全空域的在线监控与预警。利用模糊 PID 的电子膨胀阀控制、AI 智能预测技术、能源分析监控技术等实现智能故障分析,智能节能控制。该系统采用模块化预装配库体+智能一体机的组合,必将成为未来冷库,特别是中小型冷库的主流与导向。

6.如何选择物联网智能移动冷库

全时空在线智能移动冷库作为低温流通的中枢环节,以其安全性、节能性以及便捷性的特点,必将成为未来冷库,特别是中小型冷库的主流与导向。以天津新技术产业园区大远东制冷设备有限公司生产的产品为例,物联网全时空在线智能移动冷库如图 8-7 所示。

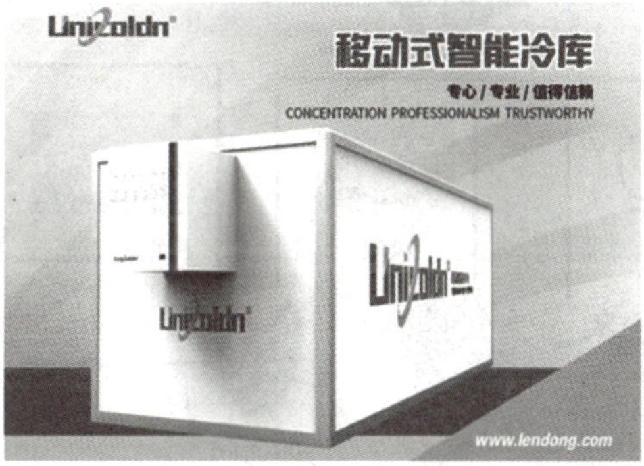

图 8-7 全时空在线智能移动冷库

智能冷库系统遵循物联网建设的四层原则:由现场传感层、数据传输层、数据管理层、应用层四部分组成。主要包括服务器、数据库、控制主机、各种传感器、web 服务、App 等。具体结构如图 8-8 所示。

- 现场传感层:控制主机,各种传感器及相关执行机构。
- 数据传输层:4G/NB 无线通信模式。
- 数据管理层:数据库+服务器。
- 应用层:网页服务,App 服务等。

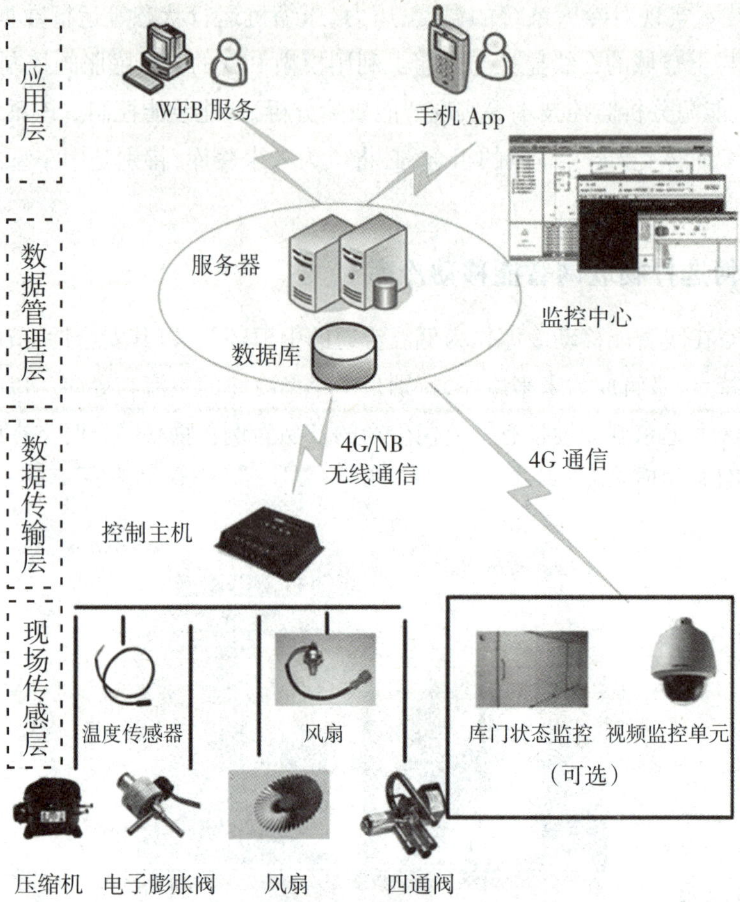

图 8–8　智能冷库体系结构

7.物联网全时空在线智能移动冷库如何运行及使用

对用户来讲，该冷库的使用很简单，只要按启动开关即可，如果精准使用，将处理的产品种类上传给管理系统，一切操作均有远程智能调控来完成。

物联网全时空在线智能移动冷库运行及操作具体过程如下。

▶▶▶采集信息

具有设备信息采集功能，手机端通过自带摄像头扫描装置条码，并将云数据库中相关参数信息代入到 App 中，通过 App 可将现场设备信息手工录入并同步到云

数据库(图 8-9)。通过传感器、互感器、摄像头等实现对多维度信息采集:

- 12 路冷库系统控制温度采集。
- 4 路管路压力采集。
- 2 路电子膨胀阀开度采集。
- 蒸发器、冷凝器转速监控。
- GPS 定位信息采集。
- 冷库门开关状态采集。
- 三相电压、电流、功率、功率因数采集。
- 图像信息。可由球机旋转拍摄、移动侦测拍照回传,并过滤无用信息。

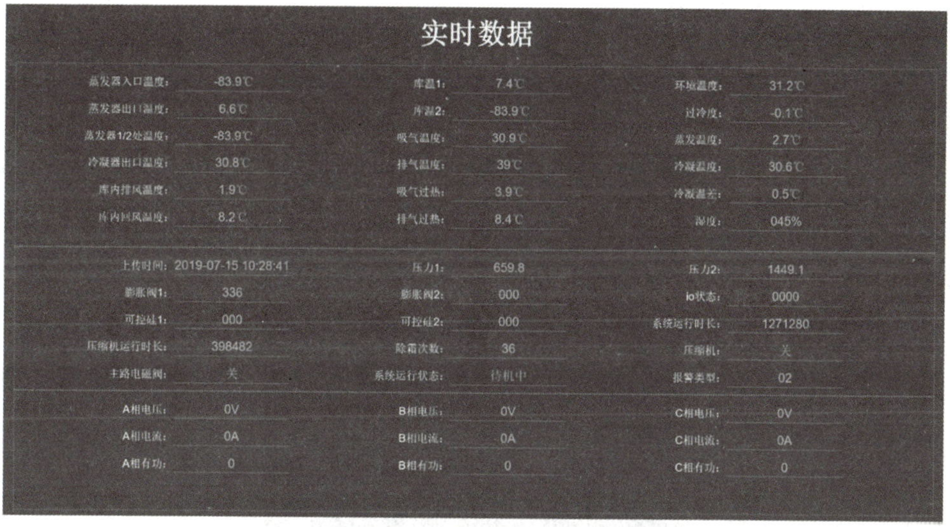

图 8-9 设备部分信息采集

▶▶▶远程控制

通过软件云平台和手机 App,用户可以进行冷库的相关管理与控制。主要有远程开关机;远程冷库运行参数设置(图 8-10),包括过热度、启停温度等;远程硬件控制系统软件升级;远程蒸发器、冷凝器风扇控制;远程除霜功能控制;远程摄像头监控控制等。

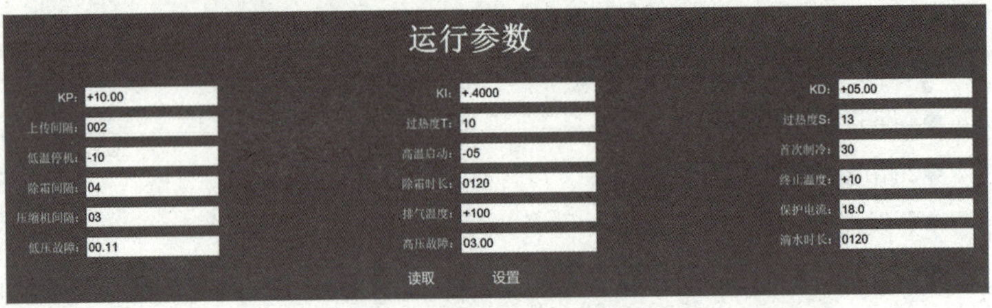

图 8–10　冷库运行参数设置

▶▶▶综合显示

综合显示冷库运行的实时状态，包括库温、高低压压力、蒸发冷凝风扇转速等（图 8–11）。

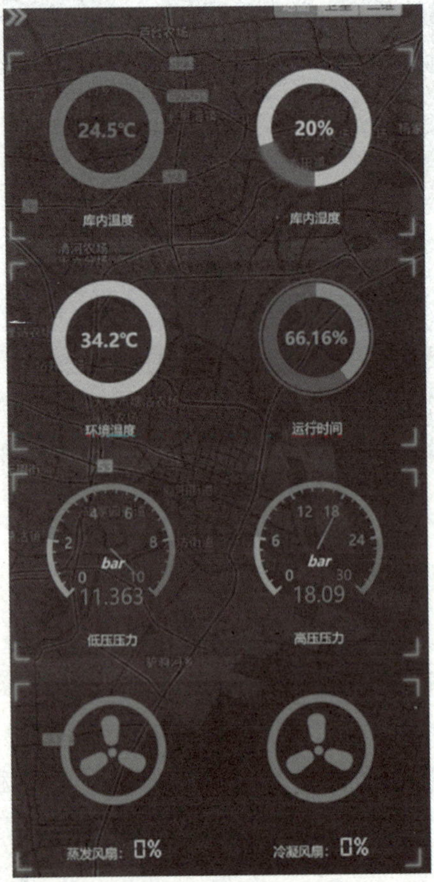

图 8–11　综合信息显示

▶▶▶异常报警

主要包括冷库库内温度超限报警；压缩机工作异常报警；高低压超限报警；门状态异常报警；安全用电异常报警；摄像头安防异常报警等。报警信息会在主界面上进行显示(图 8-12)。

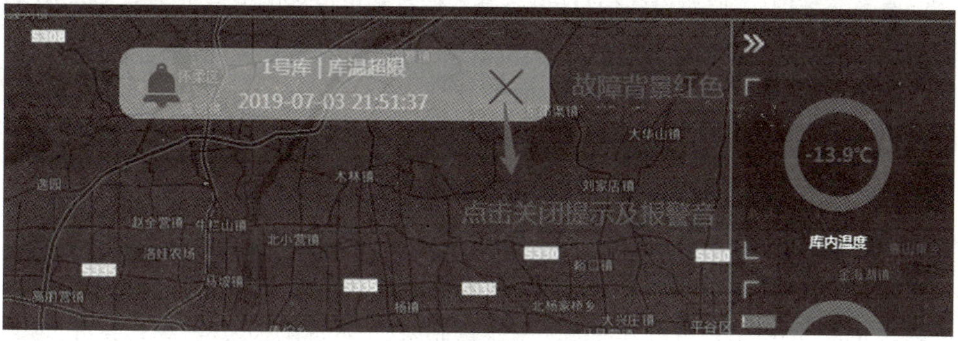

图 8-12 异常报警显示

▶▶▶GIS 管理

能提供存储、显示、分析地理数据功能的软件。主要包括数据输入与编辑、数据管理、数据操作以及数据显示和输出等。从功能上，GIS 具有空间数据的获取、存储、显示、编辑、处理、分析、输出和应用等功能。

▶▶▶智能分析与评测

通过对冷库控制系统的实时数据的采集，在云平台上进行大数据分析，建立故障诊断模型，对冷库运行故障进行诊断，指导维护维修工作。

▶▶▶智慧用电

能够自动监测线缆温度、剩余电流、电流、电压等数据，能智能分析电路用电情况，用于终端用电部位，对所监控的线路及其用电设备的过电流、短路事故，可实时监控和必要时切断故障电路电源。能耗统计功能，对于冷库运行状态的实时功率，累计消耗能耗可以进行显示，具有历史记录可以查询。

▶▶▶用户综合服务

用户综合服务功能包括报表打印、系统日志、系统维护等。

●报表打印:查看日、月、季度和年的相关报表统计数据,并支持报表导出和打印。

●系统日志:用于记录用户操作的过程和操作的内容,并可以按照时间段、关键字进行日志信息查询。

●系统维护:主要对设备信息(设备基本信息和单设备阈值设置)、设备分类(分类信息和分类阈值设置)、客户信息、人员信息(人员权限、责任区划分)进行维护。

●数据管理:自动生成历史曲线图、历史数据导出 Excel 表、数据、曲线图打印、SQL 数据库管理工具、定时备份、手动备份。

●权限管理:登录用户权限控制(数据导出,记录删除)、系统功能权限控制、远程手动开关、用户分组权限控制。

●状态巡查:高级管理员查询所有监控冷库状态报警,普通管理员查询分管冷库运行状态,授权用户可以查询制冷系统控制参数,查询平均温度、除霜温度,报警状态等信息。

●报警值班:报警通知根据值班表发送,同一冷库可同时一人或多人接收报警。

▶▶▶移动 App 服务

App 是本系统的重要组成部分, 可以基于 App 完成系统 WEB 端服务的大部分功能,可以进行远程的查看设备信息,得到实时的报警通知,进行必要的远程控制等功能。App 基于安卓系统开发(图 8-13)。

●设备详情:界面显示包括设备信息、运行状态、设备位置、安防监控。

●报警信息:显示报警信息并可以进行报警处理。可以实时接收服务器推送的报警信息。

●远程遥控:可以利用 App 设置冷库相关参数并进行远程开关机。

●智慧用电:安全用电监控与能耗历史统计。

●智能评测:显示系统智能评测信息。

8.全时空在线智能移动冷库与传统冷库相比具有哪些优势与特点

新一代的全时空在线智能移动冷库将物联网技术、自动控制技术、AI 智能预

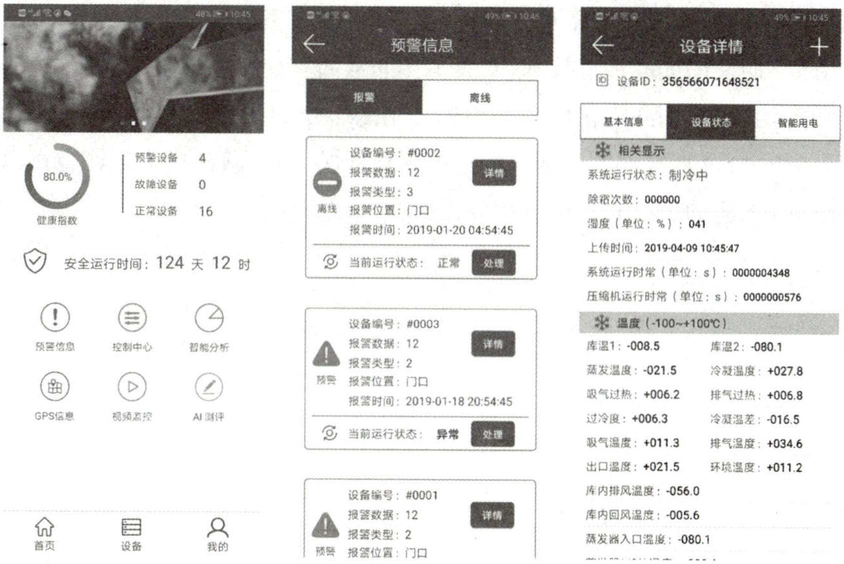

图 8-13 App 端主要功能

测技术以及云平台大数据等多种现代技术与制冷技术相结合，形成新一代的具有全时空在线监控能力的制冷冷库系统。与传统冷库相比其具有诸多独特的优势，主要体现在：

●安全性。动态监测整个冷库制冷系统的性能，自动预报警。预报警是根据所研究对象的特点，通过收集相关的资料信息，监控风险因素的变动趋势，向决策层发出预警信号并提前采取预控对策的系统。支持手机、电脑终端与管理权限设置，从管理层的手机到现场工程师的电脑，随时随地一眼看尽冷库、制冷系统状态。一旦有事故风险，可以提前做出预警，传统的冷库系统只能等到事故发生才能去解决；这样从源头解决问题，在减少损失的同时降低了劳动强度。

●节能性。快速定位、解决导致高耗能的管理/设备问题，大幅降低能耗损失解决电费居高不下而能耗状况模糊的问题。在 App 上能够灵活地看到每月的整体耗电量和每一个冷库项目，每一套制冷系统在每一个时间段的详细用电情况，像当前实时功率、当日用电量、历史能耗变化趋势等。对耗电量高设备的其他参数进行细致调查，发现问题解决问题：再有针对性地进行设备维护管理，达到节能目的。同时，通过 App 远程监控调节，在不影响被冷物冷藏品质的前提下，冷库可以利用夜间“谷价”运行，减少白天运行时间，避开用电高峰期，降低运营成本。

●便捷性。传统冷库系统采用布线的方式，一旦冷库很大或者有多个大的冷库,那么开挖墙面布线就非常难,而且线头很多,监控室看上去非常杂乱,甚至滋生安全事故。而使用无线传输技术,安装工作非常简单快捷,不需要花费大量的劳动力成本,同时 App 可瞬时精准发送故障或与故障相关的数据,初步确定大致问题。如果问题不大,可直接通过电话远程指挥客户现场工程师解决。大问题也可以有针对性地带上相应的工具和常用替换件再出发,节约时间。

第九章

农业物联网在农产品安全溯源中的应用

随着生活水平的提高，人们对食品的安全、健康、品质越来越重视，农产品是每个人每天都必须消费的东西，一旦出现质量安全问题危害极大，且引起的社会负面效应不可估量，如苏丹红、地沟油、瘦肉精等。这些问题的暴露和出现，说明在农产品的生产、供给，加工、销售流通过程中缺乏有效监管措施和手段，因此，迫切需要切实可行的适合现代化发展需求的高技术解决方案。而通过农业物联网技术建立起完善的农产品质量监管和溯源系统，是目前较好的一种方式，不仅可以加大对农产品的监管，还可以降低农产品的安全隐患。

一、建立农产品履历,保障农产品质量和安全

通过对农产品进行统一编码,采用全产业链的信息化管理技术,完整记录农产品从播种到销售再到用户端的所有相关信息,方便用户及各个监管部门通过二维码或者电子标签查询追溯产品的履历信息,这些信息包括以下几方面。

●基本信息:包括种子、幼苗来源产地、品种类型、种植时间、供货商等信息。

●环境信息:包括温度、空气、土壤、水质、视频监控信息等。

●农事信息:包括除草、施肥、用药、浇水、采摘及其他农事管理信息等。

●加工信息:包括农产品的初加工和深加工、添加剂料、作业环境信息、检验内容及责任人等信息。

●储存运输:包括农产品储存环境信息、时间、质量检验、出库运输时间、路线、产品最终流向等各方面信息。

借助完善的产品质量追溯系统,帮助农产品生产企业实现对生产基地、环境信息、品种的电子档案化管理,有效满足企业对农产品生产加工环节的质量安全信息控制、信息跟踪和追溯需求,有助于企业动态掌握产品质量信息。同时,消费者和各级监管部门借助于各种智能终端也可以查询所购买的农产品质量溯源信息,例如,当某一产品出现安全问题时,可以通过溯源系统找到哪一个环节、哪一种原材料出现问题。同时,能对该环节原材料涉及的同批次或者同原料食品进行追踪,必要时可以召回或者冻结此批次产品流出,这样可以将食品危害降到最低,实现农产品质量安全责任追究。同时应满足消费者的知情权、选择权,提高企业产品形象、管理水平。

二、记录畜禽从出生到死亡的生命历程

物联网技术应用于畜牧业,对养殖、生产加工、运输和销售过程全程记录,从而建立完善的信息溯源网。通过建立畜禽信息数据库、产品质量安全追溯码、溯源平台,为产品质量安全追溯提供原始数据,实现对畜禽生产及流通过程的信息管理和畜禽产品质量的追溯管理,以及畜禽生产档案(产地环境、生产流程、质量检测)的管理。消费者可通过追溯码或二维码进入溯源查询平台进行查询,平台通过分析并

与产品数据库进行对照，得出查询结果，实现对畜禽产品“从养殖到餐桌”的全程质量监控。

如给放养的羊群中的每一只羊都贴上一个二维码，这个二维码会一直保持到超市出售的每一块羊肉上，消费者可以通过手机阅读二维码，知道羊的成长历程，确保食品安全；对进入农贸市场的猪肉安装电子芯片，跟踪其生产、加工、批发和销售的各个环节，确保每块猪肉“来可追溯、去可跟踪、信息可保存、责任可追查、产品可召回”。消费者在购买猪肉时，可以根据其条形码查询出猪肉来源、质量检疫情况等各方面的信息，放心食用；通过对雏鸡的来源、饮水来源、饲料和兽药的来源、免疫接种信息、质检信息、养殖环境、肉鸡屠宰加工和肉鸡物流销售等关键环节的全程记录，实现从养殖到餐桌的全程可追溯，建立用数据说话、用数据管理、用数据决策的管理机制，提升智慧监管能力，提高产品质量。

三、标识水产品的出生地

水产品质量安全问题事关消费者健康，还影响消费者对水产品信心进而影响整个产业链。伴随着物联网、云计算等信息技术的快速发展，水产品质量安全追溯体系的研究和实践也得到了发展。

如通过对从投苗、养殖、出塘等全过程的动态追踪，最终对企业出产的水产品生成二维码，用户可通过二维码追溯产品的养殖企业信息和产品的养殖过程；在养殖产品的存储、加工和运输上，物联网水产技术会对养殖产品生产、加工、包装、运输等一系列活动进行全程监控追踪，并通过射频技术对该过程中参数进行检测查询，以保证产出食品质量上的安全性。

又如高寒地区水产养殖生产的优质鱼类商品具有营养积累时间长、肉质细腻口感好、无污染等特点。以往终端市场无法辨别商品鱼品质的优劣，高寒地区生产的优质鱼类长期处于高质低价的尴尬地位，使得水产养殖业者长期处于利润逐年下滑的状态。随着农产品安全溯源技术的应用，将彻底改变高寒地区渔业生产经营的现状，生产优质商品鱼的高寒地区水产养殖业者将会获得更高的经济利润，对地区的渔业生产发展将起到积极的促进作用。

四、常用技术及应用

冷链物流在农产品溯源中的应用

以前人们谈论食品安全，往往只关注生产环节以及终端零售餐饮，而物流环节常被忽略。而事实上，这个环节非常重要。我们知道，许多食物都具有易腐属性，要求全程的运输、交接和储运始终在冷链环境下，这样才能保证其安全、新鲜度和营养度。据研究发现，控制易腐食品安全的关键是控制微生物的生长速度，而控制微生物的关键就是控制温度，温度每升高 6℃，食品中细菌生长速度就会翻一倍，货架期缩短一半。有时候我们买的冰激凌变形了、酸奶外表有水珠、买的速冻饺子一煮就烂了，这些其实都是冷链断链的结果。更甚者，有些地方由于冷链物流的缺失，导致很多天然优质的农产品只能“养在深闺人未识”。因此，为了实现顾客的需求，将某些生鲜易腐产品从供应商运送到消费者手中的过程（采购、运输、配送）中须始终处于适宜的低温环境中，这就需要用到冷链物流。

冷链物流的产品涉及范围较广，主要包括蔬菜类、肉类、蛋奶类、海产品以及花卉等农产品，速冻食品类禽、肉、奶及海鲜产品的包装熟食等加工食品和疫苗、药品以及血液制品等医药品。冷链物流产品具有易腐性、时效性以及货损性的特点，如果在整个冷链物流环节出现温度不当或者运输配送时间超时等情况，产品的质量会受到较大的影响。

除了食品安全，冷链物流还具有鲜明的经济属性，其市场影响力不容忽视。近些年“豆你玩”“蒜你狠”“姜你军”等现象时有发生，其中一个重要原因，就是冷链物流体系缺失。由于冷链体系不完善，大部分农产品无法做到错季销售，而且农产品损耗严重，一定程度上造成了农产品“供不应求”的问题，物价上涨在所难免。另外，冷链缺失还会造成浪费。据统计，我国居民家庭对易腐食品的消费占比超过 30%，而果蔬冷链流通率仅为 10%，果蔬损耗率则高达 30%，如果将果蔬损耗率从当前的 30%降到 5%，那么每年可节约 1000 多亿元。

第十章

物联网下的智能生活

我们经常会用到的第二代身份证，它有定向光变色“长城”图案、光变光存储“中国 CHINA”字样、防伪膜等防伪技术，还采用了非接触式 IC 芯片卡和指纹感应，是物联网基础应用的一个典型例子；网上购物时，物流配送轨迹的跟踪，使我们可以清楚地知道所购买物品的状态；给大家出行带来很大便利的共享单车，只需打开手机扫一扫就可以了；还有定位、导航系统，上下班指纹打卡机、各种公交卡、门禁卡、停车场出入卡、饭卡等。不知不觉中物联网已经渗透到了我们生活的方方面面。

一、智能家居

1.何为智能家居

在炎热的夏天或寒冷的冬天，通过手机或互联网，可以对家里的空调进行远程遥控，提前设定温度、运行模式和风速，这样一进家门就能享受彻底的清凉或温暖。不仅如此，回家途中，用手机发送一条指令，在家“待命”的电饭锅会立即启动做饭。如果有人非法入侵你的住宅，你还会收到自动电话报警……这些不是科幻电影中的镜头，而是正在大步向我们走来的“物联网时代”的美好生活。

物联网的兴起与快速发展使得智能家居这一概念火热起来，越来越多的人希望利用自己的手机或者其他移动电子设备通过物联网技术与家中的家电设备连接，并进行全方位的智能控制，以此开启一个便捷的智慧生活时代。

所谓智能家居，指的是以住宅为平台，利用先进的计算机技术、网络通信技术、综合布线技术、安全防范技术、自动控制技术、音视频技术等依照人体工程学原理，融合个性需求，将家居生活有关的各个子系统如安防、灯光控制、窗帘控制、煤气阀控制、信息家电、场景联动、地板采暖、健康保健、卫生防疫、安防保安等有机地结合在一起，通过网络化综合智能控制和管理，构建高效的住宅设施与家庭日程事务的管理系统，提升家居安全性、便利性、舒适性、艺术性，并实现环保节能的居住环境。简单来说，智能家居指的就是使用各种技术和设备，来提高人们的生活方式，使家庭变得更舒适、安全和高效，实现“以人为本”的全新家居生活体验。

忘带钥匙，忘关燃气阀门，生活中遇见的小尴尬千奇百怪；不想拖地，嫌弃洗碗，犯懒时总有千百个理由说服自己安心“葛优瘫”。智能家居正逐渐渗入生活，这些当代人的通病都能通过智能家居来解决，不再被生活琐事困扰。

2.智能家居需具备的特性

物联网应用于智能家居领域，能够对家居类产品的位置、状态、变化进行监测，分析其变化特征，同时根据人的需要，在一定的程度上进行反馈。智能家居是今后家居领域发展的必然趋势，虽然市场推广才刚刚开始，但行业的竞争已经很激烈。衡量一个住宅小区智能化系统的成功与否，并非仅仅取决于智能化系统的多少、系统的先进性或集成度，而是取决于系统的设计和配置是否经济合理并且系统能否成功运行，系统的使用、管理和维护是否方便，系统或产品的技术是否成熟适用。换句话说，就是如何以最少的投入、最简便的实现途径来换取最大的功效，实现便捷高质量的生活。

为了实现上述目标，智能家居系统需具有如下特性。

▶▶▶安全可靠

安全是最基本的保证，整个建筑的各个智能化子系统应能 24 小时运转，对系统的安全性、可靠性和容错能力必须予以高度重视。对各个子系统，以电源、系统备份等方面采取相应的容错措施，采用定时自检、通信应答、环境监控等相互结合的方式，保证系统正常安全使用、质量、性能良好，具备应付各种复杂环境变化的能力，使用户用得放心。

▶▶▶实用便利

智能家居最基本的目标是为人们提供一个舒适、安全、方便和高效的生活环境。对智能家居产品来说，最重要的是以实用为核心，摒弃掉那些华而不实，只能充作摆设的功能，产品以实用性、易用性和人性化为主。

▶▶▶操作简单

智能家居系统设计的本意是让人们摆脱烦琐的事务，提高效率，如果操作过程和程序设置过于烦琐，容易让用户产生排斥心理。所以在对智能家居的设计时一定要充分考虑到用户体验，注重操作的便利化和直观性，最好能采用图形图像化的控制界面，让操作所见即所得，即便是老人孩子也能轻松搞定。

▶▶▶易于维护、扩展

智能家居安装时布线要简单，这样有利于扩展和拆卸，使其日常维护变得轻松方便。

▶▶▶节能环保

智能家居要做到在使用的时候自动开启，不使用的时候自动关闭，以此实现节能减耗，实现现在流行的“低碳生活”。

3.智能家居产品概览

▶▶▶智能门锁

关好门却忘带钥匙，掏口袋发现钥匙丢失，不论是找锁匠开锁或是配钥匙，都费钱费力，而且还不安全。智能门锁在原有的门锁位置上安装，除可使用指纹、密码、刷卡、机械钥匙等方式开锁外，还可通过蓝牙或者 Wi-Fi 连接你的家庭网络。这样你就可以通过智能手机 App 操作门锁，还可通过 App 查看开门信息，关心家人是否已安全到家。即便你不在家的时候也可以远程锁门和开门，比如通过将生成的临时密码分享给亲戚、朋友、保姆、钟点工、看房客户等，授权使用临时密码限时限次开门。

▶▶▶智能灯

说到“灯”，大家肯定能想到照明，而谈到新时代新生活中的“智能灯”，大家或许有点陌生的。智能灯，不再只作为照明的器具，而是赋予了灯的新型功能。智能灯是具有控制、灯光效果、创作、分享、光与音乐互动、光提升健康和幸福等功能的新型智能设备。

▶▶▶智能牙刷

能够分析用户刷牙习惯，记录每颗牙齿信息，通过嵌入高质量传感器，捕捉用户的刷牙频率、遗漏点、施加的压力等数据。你可以在智能手机上跟踪所有这些重要信息，并深入了解如何改善口腔健康等问题。

▶▶▶智能冰箱

不开门就能窥视冰箱内部，非常酷！这个想法现在不再是幻想了！安装在新时代智能冰箱上的传感器和摄像头可以让你监控食物不要变质。此外，它还能让你在不开门的情况下追踪冰箱内食物。更甚者，当冰箱内食物耗光时会立刻自动提醒，并通过物流配送系统自动送上门来。

▶▶▶智能窗帘

智能窗帘是一款为懒人而生的产品，你可以通过 App 控制、遥控器控制、定时开合等多种控制方式随意地控制窗帘，无须手动的去拉动窗帘，而且智能窗帘可以通过提前预约，对智能窗帘进行定时设置，满足用户的多样需求。例如，通过定时功能，早上7点，窗帘自动拉开，让你在温暖的阳光中醒来；晚上回家，指纹锁开门的瞬间联动智能窗帘自动合上。

▶▶▶智能传感报警器

生活中总有些猝不及防的用水意外：忘记关水、宠物玩水、水管爆裂……其实，你只需将一台传感器随意摆放在需要防水的地方，它就能及时检测漏水溢水情况，第一时间通知到你的手机，助你轻松预警水患，贴心照顾生活中的小细节。常常忘记厨房锅里炖着汤，做完饭也常忘记关闭燃气阀门，燃气传感器、烟雾探测器帮你解决这些潜在危险，一旦厨房燃气、烟雾超标，传感器便会发出蜂鸣警告音，及时预警险情。

▶▶▶智能洗衣机

将衣物丢进洗衣机，就能自动识别材质，根据用户投放的衣服数量以及重量智能投放洗涤剂和柔顺剂，选择洗涤模式，还可以根据电力供应选择最佳洗涤时间。

▶▶▶智能空调

是具有自动调节功能的空调。智能空调系统能够根据外界气候条件，按照预先设定的指标，对温度、湿度、空气清洁度传感器所传来的信号进行分析、判断、及时自动打开制冷、加热、去湿及空气净化等功能的空调。更大胆一些的设想是，当你道一声晚安，它便会自动调解到睡眠模式；当你打了个喷嚏，它会根据你的温度习惯自动调解到需要的温度环境；甚至不用我们发出指令，家电会自动感知我们的需求，像《钢铁侠》里面的管家贾维斯那样。

▶▶▶智能电梯

在电梯里装上传感器，一旦发生故障，不等搭乘人求助，电梯的后台无线监控系统就会第一时间报警，并发布救援信息。电梯管理部门会借助网络在第一时间得到信息，以最快的速度去现场处理故障。平时，电梯还可以对自身安全性能进行预防性监测，保证电梯各方面正常运转。

二、智能交通

智能交通是一个基于现代电子信息技术面向交通运输的服务系统。它的突出特点是以信息的收集、处理、发布、交换、分析、利用为主线，为交通参与者提供多样性的服务。车辆靠自己的智能在道路上自由行驶，公路靠自己的智能将交通流量调整至最佳状态，通过监控设备，管理人员对道路、车辆的行踪掌握得一清二楚。

想象一下，在你结束了一天的工作之后，装载着导航和监控装置的汽车自动开启到你的面前接你回家，上车之后，你只需设置好目的地，汽车就可以按照最快捷的路线自行送你回家。

1.智能公交站牌让等待不再茫然

智能公交站牌通过收集各路公交车辆上携带的位置传感装置发出的信息，可以给出某条线路的最近车辆的位置信息或者等候时间。试想一下，等待乘车的人群站在公交站牌边再也不必为公交车何时到达而苦恼，只要抬头看看动态显示信息的站牌就可以知晓，这种新型的公交站牌势必会深受公交一族的喜爱。

查看公交线路图、看视频、读新闻、办业务、搜索周边景点......没错，这也是智能公交站牌。显示屏的最上方是视频播放窗口，配有声音，轮流播放视频动画。公交查询、办事指南、便民服务、旅游景点、当地资讯一点便知。这样的公交站牌是不是要逆天了？

当然不是！公交神器“车来了”，让您用手机轻松可查每一辆公交的实时位置，公交到哪了，公交还有几站到，公交还有多久到。手机一秒变身公交电子站牌，分分钟成为公交地图达人，可谓公交导航必备神器。“车来了”是由元光科技开发的一款查询公交车实时位置的手机软件。不仅能提供公交车的到站距离、预计到站时间，还能显示整条公交线路的通行状况，让用户不再盲目等待，有效缓解用户候车的不安全感，同时改变用户出行方式。

“车来了”目前在实时公交领域排位全国第一，已经覆盖全国 66 个城市，服务 4000 万用户，车来了能为公交出行人群每天节省约 11 分钟时间，而今年车来了将进军 100 个城市，包括香港在内，同时用户实现倍数增长，用户量达到 1 亿，日活跃用户 1000 万。

2.“车牌付”能否取代ETC实现高速不停车收费

高速公路ETC(Electronic Toll Collection)不停车收费系统,被认为是目前世界上最先进的路桥收费方式,通过安装在车辆挡风玻璃上的车载电子标签与在收费站ETC车道上的微波天线之间的微波专用短程通讯,利用计算机联网技术与银行进行后台结算处理,从而达到车辆通过路桥收费站不需停车而能交纳路桥费的目的。既解决了高速公路收费的拥堵排队问题,也解决了收费站大量使用的现金问题。从2014年3月交通运输部正式启动全国高速公路ETC(电子不停车收费系统)联网工作以来,到2015年年底已经基本实现了全国ETC联网,主线收费站ETC覆盖率达到100%,全国ETC用户数量达到2000万。据有关人士研究,我国建设5000条ETC车道,就可以少建15 000条人工收费车道,可节约大量土地并节省收费设备约150亿元。

但是,现在安装一个ETC是要去银行办理一张信用卡,不仅麻烦,而且现在也有很多盗刷ETC的报道。所以,很多人都不愿再办理了。再有一个就是办理ETC只能用于高速公路,但是有很多家庭是不经常上高速的,所以没必要为了一次出行,去办理这样一个非常麻烦的东西。

现在,马云的高速公路“车牌付”只是用户将车牌与支付宝绑定好,打开你的芝麻信用,如果分值高于550分,点开下面出行—综合服务—高速ETC—立即使用—车牌付—立即开通。支付宝联合高速部门推出的支付宝通道,目前还只是在部分地区试行,如果能在全国高速公司实现,高速公路就不仅不再需要ETC,不再通过银行后台的结算和清算,更不再需要高速公路收费站和收款人员,不仅颠覆了银行的支付清算,更是颠覆了全国几万人的收费员职业。

3.传感器安全预警减少事故的发生

我们现在可以通过电子警察、摄像头、雷达测速装置、搁在地面上的地感线圈监测车流量、抓拍超速等,但是做不到安全预警。比如:你在开车上桥时,是无法看到桥另一端情况的。如果这时候另一端有一个人在过马路,就难免会发生交通事故。而如果我们在马路下面安装了传感器节点(其寿命可长达7年),并与你车上的传感网终端或手机相连接,一旦有人过马路,马上就会通过传感网告诉你,就能避免事故的发生。

有人测算过，提前几秒钟刹车就可避免90%以上的交通事故，而我国每年交通事故死亡七八万人。使用传感器，汽车行驶在道路上就可以随时检测出车流量、车速甚至车辆形状。当你驾驶在路上，不用听收音机的路况信息，只要通过传感器，就能了解实时路况。车辆过拱桥的时候你会有一个视线的盲角，但是用物联网以后你就可以知道前方有人在通过，这样就可以减少事故的发生。当司机因超速而不可避免地发生事故时，事故数据会及时发送给后台数据管理中心，使用云计算等进行智能化处理。

4.无人驾驶让未来触手可及

将来，你首先拥有的智能机器人，很可能就是你的汽车，你会把自己的性命交给它！当听到“自动驾驶汽车”这个词时，你最先会想到什么？

时下许多年轻人一谈到自驾出门就会觉得麻烦，部分女性也会因为方向感等问题而对自驾望而却步。老年人则认为考驾照是年轻人的事，即便有心学习也羞于尝试。

如果有了自动驾驶汽车，我想，他们的烦恼都能迎刃而解。如果汽车有了自动驾驶功能，会给家家户户带来便利。

目前，谷歌、特斯拉、苹果甚至中国的百度纷纷投入自动驾驶技术的研发中。谷歌自动驾驶汽车于2012年5月获得了美国自动驾驶车辆许可证，特斯拉一直在美国旧金山和西雅图之间的道路上测试自动驾驶仪技术，苹果公司大肆招兵买马……自动驾驶技术颠覆的不仅是传统汽车产业，也是所有人的生活方式。

那么，世界将会发生怎样的变化呢？

随着无人驾驶技术普及，在车上可以聚会、吃饭、工作、长期居住，人类的时空观念将被改变；停车场将变成商业或居住空间，道路将变窄，城市面积将变得更大，信号灯和路牌将消失，城市将被重新规划；随着车祸率降低，医院和金融保险业将缩减；物流价格下降，商品价格会随之降低；人类步行减少，购物习惯将改变；汽车使用高效能源、环保部门将被重新设计……而这一切仅仅是人工智能革命的开始。

三、智慧物流

1.何为智慧物流

如今，随着科学技术的不断发展，在物流方面，网上购物只需一个订单号就能获取包裹的所有信息，这正是物联网技术在智慧物流方面的应用。

所谓智慧物流，是新技术应用于物流行业的统称，指的是以物联网、大数据、人工智能等信息技术为支撑，采用最新的激光、红外、编码、无线、自动识别、无线射频识别、电子数据交换技术、全球定位系统、地理信息系统等高新技术，使物流系统能模仿人的智能，具有思维、感知、学习、推理判断和自行解决物流中某些问题的能力，从而在物流的运输、仓储、包装、装卸、配送等各个环节实现系统感知、全面分析及处理等功能。

总之，智慧物流理念的提出，顺应历史潮流，也符合现代物流业发展的自动化、网络化、可视化、实时化、跟踪与智能控制的发展新趋势，符合物联网发展的趋势。

2.智慧物流的主要功能

▶▶▶感知功能

运用各种先进技术能够获取运输、仓储、包装、装卸搬运、流通加工、配送、信息服务等各个环节的大量信息。实现实时数据收集，使各方能准确掌握货物、车辆和仓库等信息，初步实现感知智慧。

▶▶▶规整功能

即感知之后把采集的信息通过网络传输到数据中心，用于数据归档。建立强大的数据库，分门别类后加入新数据，使各类数据按要求规整，实现数据的联系性，开放性及动态性。并通过对数据和流程的标准化，推进跨网络的系统整合，实现规整智慧。

▶▶▶智能分析功能

运用智能的模拟器模型等手段分析物流问题。根据问题提出假设，并在实践过程中不断验证问题，发现新问题，做到理论与实践相结合。在运行中系统会自行调用原有经验数据，随时发现物流作业活动中的漏洞或者薄弱环节，从而实现发现智慧。

▶▶▶优化决策功能

结合特定需要，根据不同的情况评估成本、时间、质量、服务、碳排放和其他标准,评估基于概率的风险,进行预测分析,协同制订决策。提出最合理有效的解决方案,使做出的决策更加的准确,科学,从而实现创新智慧。

▶▶▶系统支持功能

系统智慧集中表现于智慧物流并不是各个环节各自独立,毫不相关的物流系统,而是每个环节都能相互联系。互通有无,共享数据,优化资源配置的系统,从而为物流各个环节提供最强大的系统支持,使得各环节协作,协调,协同。

▶▶▶自动修正功能

在前面各个功能的基础上,按照最有效的解决方案,系统自动遵循最快捷有效的路线运行。并在发现问题后自动修正,并且进行备案,方便日后查询。

▶▶▶及时反馈功能

物流系统是一个实时更新的系统。反馈是实现系统修正,系统完善必不可少的环节。反馈贯穿于智慧物流系统的每一个环节,为物流相关作业者了解物流运行情况,及时解决系统问题提供了强大的保障。

3.智慧物流能带来什么

▶▶▶降低物流成本,提高企业利润

智慧物流能大大降低制造业、物流业等各行业的成本,实打实地提高企业的利润。其关键技术诸如物体标识及标识追踪、无线定位等新型信息技术应用,能够有效实现物流的智能调度管理、整合物流核心业务流程,加强物流管理的合理化,降低物流消耗,从而降低物流成本,减少流通费用、增加利润。而且生产商、批发商、零售商三方通过智慧物流相互协作和信息共享,物流企业便能更节省成本。

▶▶▶加速物流产业的发展,成为物流业的信息技术支撑

智慧物流的建设,将加速当地物流产业的发展,集仓储、运输、配送、信息服务等多功能于一体,打破行业限制,协调部门利益,实现集约化高效经营,优化社会物流资源配置。同时,将物流企业整合在一起,将过去分散于多处的物流资源进行集

中处理，发挥整体优势和规模优势，实现传统物流企业的现代化、专业化和互补性。此外，这些企业还可以共享基础设施、配套服务和信息，降低运营成本和费用支出，获得规模效益。

▶▶▶为企业生产、采购和销售系统的智能融合打基础

随着物联网技术的普及，实现物与物的互联互通，将给企业的采购系统、生产系统与销售系统的智能融合打下基础。而网络的融合必将产生智慧生产与智慧供应链的融合，企业物流可完全智慧地融入企业经营之中，打破众多界限，打造智慧企业。

▶▶▶使消费者节约成本，轻松、放心购物

作为消费者，想必最关心的就是产品的质量安全问题。智慧物流通过提供货物源头自助查询和跟踪等多种服务，尤其是对食品类货物的源头查询，能够让消费者买得放心，吃得放心。消费者对产品的信任度高了，自然会促进消费，最终对整体市场产生良性影响。

▶▶▶提高政府部门工作效率

智慧物流通过计算机和网络应用可全方位、全程监管食品的生产、运输、销售，在提高政府部门工作效率，降低工作压力的同时，还可以使得监管更彻底更透明。

▶▶▶促进当地经济进一步发展，提升综合竞争力

智慧物流集多种服务功能于一体，体现了现代经济运作特点的需求，即强调信息流与物质流快速、高效、通畅地运转，从而降低社会成本，提高生产效率，整合社会资源，提高当地综合竞争力。

4.智慧物流发展到了哪一步

智慧物流的实现能大大地降低各行业运输的成本，提高运输效率，提升整个物流行业的智能化和自动化水平。当前主要包括仓储管理、运输监测以及智能快递柜三个方面。

▶▶▶仓储管理

在传统的仓储管理中，需要人工进行货物扫描及数据录取，工作效率较低；同时货位划分不清晰，堆放混乱，缺乏货物流程跟踪，成本高且差错率高。将物联网技术应用于传统仓储中，形成智能仓储管理系统，能提高货物进出效率、扩大存储的容量、减少人工的成本以及劳动力强度，且能实时显示、监控货物进出情况，提高交货准确率等。

▶▶▶运输监测

通过物流车辆管理系统对运输的货车以及货物进行实时监控，可完成车辆及货物的实时、定位跟踪，监测货物的状态及温湿度情况，同时监测运输车辆的速度、胎温胎压、油量油耗、车速等车辆行驶行为以及刹车次数等驾驶行为，在货物运输过程中，将货物、人以及车辆驾驶情况等信息高效地结合起来，提高运输效率、降低运输成本，降低货物损耗，能清楚地了解运输过程中的一切情况。

▶▶▶智能快递柜

智能快递柜以物联网技术为依托，实现对物体的识别、存储、监控和管理等，与PC 服务器一起构成了智能快递投递系统。PC 服务端能够将智能快递终端采集到的信息数据进行处理，并实时在数据后台去更新，方便使用人员进行快递查询，调配快递以及快递终端维护等操作。

快递员将快件送到指定的地点后，将其存入到快递终端后，智能系统就可以自动为用户发送一条短信，包括取件地址以及验证码，用户能在 24 小时内随时去智能终端取货物，简单快捷的完成取件业务。

5.无人机配送智慧物流的未来

近年来，随着人们消费能力的提升和消费方式的改变，我国电商和快递行业进入高速发展增长期。2018 年仅 “双 11” 当天主要电商企业就产生快递物流订单13.52 亿件，全年快递包裹量更突破 500 亿件。与此同时，伴随着的是人口红利下降、人力成本不断上涨，快递企业不得不面临人工成本高、招工难的现状，这同时也加大了配送的难度。对于快递企业来说，如何解决用工难以及快速解决“最后一千米”末端配送，让快递更快一步到达消费者手中成为痛点问题。

随着互联网、物联网、大数据、AI 等技术的不断发展，促使更加高效智能的物流设备与物流系统产生，为实现物流无人化提供了条件。无人机作为物流配送黑科技，和快递机器人一样是物流配送“最后一千米”的利器，与人力配送相比，无人机具有智能化、信息化、无人化的特点，配送效率更高，因此，受到快递、电商等企业的关注，被行业人士评价为是快递业末端配送未来布局的三大支点之一。未来的生活就是无人机物流配送时代，也许在未来的某个时候，你在网上买买买的时候，一架无人机几个小时就飞到了你的窗口，把你的东西直接送到你面前。

四、智能购物

1.自动结账方便快捷不排队

每次开开心心去超市购物，最怕遇到什么情况呢？试想一下：忙了一天下班后超市买点蔬菜瓜果回家，这种高峰时期即使只是买几件物品也要大排长龙。再试想一下：“推着一车东西等结账”，“兜兜半小时，排排半小时”，是不是很影响心情呢?！现在好了，伴随着物联网技术的发展，各大超市都已开辟了专门的自助快捷通道，利用自助收银机，消费者购物自助扫码付款，实现快速结账。

如华润万家推出的自助收银系统，可以使用微信小程序和自动机器两种方式实现自助结账，您只需要选购商品，扫描条码，手机付款即可搞定，方便快捷，扫描图 10-1 二维码即可获取详细操作流程。

再比如便利蜂的自助购物，先下载 App，然后用手机号登录。点击首页的“门店自助购物”，通过“连接 Wi-Fi 定位门店”进入定位界面，然后就可以开始购物了，如果嫌麻烦，也可以开自己的流量，直接点击首页最下方的橙色按钮自助购物。扫描图 10-2 二维码即可获取详细操作流程。

还有大润发超市的自助结账，来到自助结账机我们准备操作之前，需要先选择（是会员还是非会员结算），选择好后就可以拿东西进行扫码了，只需把条码对准扫码口就能自动计算价格，全部扫码完进行结算即可。扫描图 10-3二

图 10-1 华润万家自助收银操作

图 10-2 便利蜂自助购物操作

图 10-3 大润发自助结账操作

维码即可获取详细操作流程。

除了上面介绍的,还有物美超市的多点“自由购”,盒马自助收银等。虽然不同超市的自助结账系统不尽相同,但主要功能不外乎扫码、计算价格、支付。

2.智能试衣镜购物方式大变革

最早,虚拟试衣镜是俄罗斯一家科技公司2011年5月发明的一款“试衣魔镜”,当购物者站在这虚拟试衣镜前时,装置将自动显示试穿新衣以后的三维图像。购物者甚至不用移动就可以更换服装款式,要做的只是简单的旋转屏幕上的按钮,便可以轻松换衣。“它可以让顾客在挑选衣服时,不用非得穿上才可以看到效果,”这个公司在网站上介绍这个产品时说。体感技术可以察觉顾客的一举一动,比如顾客转身,就可以看到背后的衣服效果。

在2018年5月举办的第二届世界智能大会上,阿里巴巴展区展示了“智能试衣镜”。它可以免尺测量、3D人脸重建、镜像级虚拟海量试穿,打造如同照镜子般的虚拟试穿体验。在传统的购物体验中,用户需要踩着高跟鞋把几百平的店面逛上一遍,选几身合眼缘的衣服排队等待试穿。这次,不用再脱脱穿穿,在屏幕前就能想试哪件试哪件。在韩国平昌冬奥会期间,作为奥运官方TOP合作伙伴的阿里巴巴,也在平昌展示了自己的天猫虚拟试衣镜。通过天猫虚拟试衣镜,你只需站在镜子面前,拍一张你的照片。系统识别之后就可以自动读取你的数据,然后你点击屏幕选择衣服,可以看到自己穿上不同衣服的样子。其间马云还带上国际奥委会主席巴赫,专门来体验了一番。神奇的虚拟试衣让见惯了“大场面”的巴赫也赞不绝口。

五、智慧农村

1.农村行政管理越来越有效、透明

物联网便捷高效的互联互通技术,能够大幅度提高工作效率,促进农村行政结构的优化。面向村镇的基层电子政务系统、社区管理信息系统,可有效地对农村进行信息化管理和服务,提高基层政府的执政能力,实现政务公开、管理民主、乡风文明的目标。

互联网等信息化技术给人们提供了便利的联系手段,各种信息都能通过互联网及时发布和接收,这就为提高政府工作效率提供了有效的手段,极大地促进了行

政结构的优化。比如，在一些偏远地区，各行政村相距较远，比较分散，开会成本很高。互联网等信息化手段就可以利用互联网平台传达文件，发布通知，使各乡镇在会议、工作部署方面的管理成本极大地降低，提高了工作效率。

数字乡村也在部分地区试点运行，通过农村的信息网站，可以看到各个村庄的大量文字、图片和视频信息，全面展示了当地的村容村貌。同时，村民对农村政策、扶贫资金和合作医疗报销等意见和建议也在网站上一目了然。通过网络对村集体资产的管理进行民主监督，是实现村务科学管理和廉政建设，确保社会和经济有序发展的有效措施。

2.电子政务带来信息化的农村

在农村，电子政务的实施极大地改变了农村干部的工作方式和生活方式，从“就靠两条腿、一张嘴”到“把办公室揣在口袋里”，过去比较烦琐的公事，而今却易如反掌。在应用电子政务平台的农村里，各村的任务下达、建设进度、情况交流都利用电子平台，每个点的情况隔三岔五就发到了乡政府领导及各村干部手机上。

农村电子政务的应用实施也直接帮助农民获得最新的农业生产信息、农业市场行情等信息。例如，电子平台每逢雨雪冰冻等特殊天气，便主动向各村干部及种植养殖大户发送气象预警信息。对于养殖大户来说，电子政务平台可以及时地为他们传递从幼崽购进、饲养、饲料价格到疫病防治、销售行情等及时和实用的信息。

电子政务平台依托政府部门丰富的综合信息数据仓库，汇聚多种媒体和手段，集成了相关涉农部门的资源优势，能够完成农业科技热线、农业信息查询、远程视频诊断、技术推广、农业灾害预警、远程教育、村务公开等多种功能任务。同时，随着村干部、种植大户、养殖大户、村民等不同类别的实名身份识别的建立，能够按照不同类别用户的需求，进行农业生产、农业标准、病虫草害、农产品市场、土壤、气象、水情、乡镇企业管理、农村经济、农村能源、人口与劳动力资源和党员远程教育等信息资源的推送，让村里管理人口、劳动人员各取所需，各司其职。

要想推广该电子政务平台，只需在乡镇政府安装一台服务器和适量的电脑终端，再依托大量的手机客户组建网络，不仅投资少、见效快，而且操作特别是手机操作相对简单，农民较易接受。手机可随身携带，正好适应了农村干部办公地点不固定、流动性大的特点，真正实现了随时、随地、随心所欲，使“将办公室装在口袋里”成为现实。从信息内容来看，农民最需要的是对其生产、生活具有帮助的信息内容。

而该平台不仅能够满足农村办公的需要,也能满足农民的个性化服务需求。

3.智能电网助力农村电力改革

每到夏天,不少农民的日子都非常难熬。盛夏时节最高温度都达到了40℃,农民们常常都是赶早到田里劳作,天气热了就回到家里歇凉。不过高温条件下,在家里吹电扇也无济于事,虽然不少农村家庭都安装了空调,但谁也不敢一天到晚地开着,因为费用太高了,而且空调的功率比较大,搞不好家里还容易跳闸。农村的电网相比城市来说要薄弱许多,在用电方面也有诸多不便。

随着我国农村经济发展水平的不断提高,农村对电力的需求总量持续增加,对电力的使用需求也呈现出多元化的趋势。而且,农村电网具有不同于城市电网的特性,其中农灌、机收等季节性负荷居多,设备全年轻载运行时间长,现有配电变压器损耗较大。因此,采用用电信息采集、配电自动化等技术构建的智能农业电网能够有效地解决农村电网网架薄弱、供电质量不高、供电损耗大和供电"卡脖子"等问题,让农民使用更加方便。

智能电网实施后,可通过安装在配电箱内的智能终端、智能总开关以及农户家中的智能开关灯,实现对农村配电设备及农户家庭用电实时数据采集,通过后台系统自动分析功能,为合理供电提供科学依据。同时,供电部门还可对供电设备运行状态实时远程跟踪监测,能及时发现线路设备故障甚至农户家中的用电异常,并能通过监控情况及时采取应对措施,确保农户用电安全。以后农村里面电压不稳等情况将逐渐消失,用电更方便也更放心了。

4.智能监测还农民绿水青山、身体健康

改革开放以来,随着我国经济的快速发展,经济建设取得巨大成效,伴随而来的是自然资源的破坏和环境污染的日益严重,群众对环境问题反映强烈。十九大报告在谈到生态文明建设方面时也指出,加快生态文明体制改革,建设美丽中国。人与自然是生命共同体,人类必须尊重自然、顺应自然、保护自然。人类只有遵循自然规律才能有效防止在开发利用自然上走弯路,人类对大自然的伤害最终会伤及人类自身,这是无法抗拒的规律。

环保数据在线监测平台,是锅炉烟气脱硫脱硝等环保设施通过远程数据传输网络,将各种污染物排放数据实时上传给上级主管部门的一套全天候、动态化的检测系统。将移动4G、物联网技术与污水处理自动控制系统相融合,打造的污水处理

智慧管理平台，通过 LED 大屏实时动态显示污水处理各项设备参数，呈现排水口、出水口、膜池等现场画面，可以减少村镇污染水体，还老百姓清水绿岸、鱼翔浅底的景象。发挥卫星和无人机遥感监测优势，探索排污口排查整治工作经验，建立完整的技术体系，利用卫星遥感，完善水源地问题清单和风险源信息，做好大气遥感监测分析，全力支撑蓝天保卫战……相信在不久的将来，一定能够使得环境换新颜，百姓享实惠。农民可以坐在家门口，悠然自得地看着村里的景象：一条条小河清澈见底，一排排果树郁郁葱葱，一群群白鸽在空中自由飞翔。

人类对环境的破坏也遭到了大自然的报复。近年来，我国各地多次迎来雾霾天气，影响了农村居民的身体健康。在雾霾天气中，空气里会悬浮一些小颗粒。PM2.5 就是指空气中直径小于或等于 2.5 微米的颗粒物，由于这种颗粒太细小了，鼻毛难以阻挡，会进入肺部。同时，如果家中刚做完装修或者新买家具，各种合成板材或者油漆当中含有的甲醛等挥发性有机物也会对空气造成污染。另外，在寒冷的冬天，密闭门窗开着空调，时间长了也会造成空气质量明显下降，二氧化碳、一氧化碳超标，人体会产生胸闷气滞，非常难受。

利用物联网技术，可以对家居的空气质量进行连续实时的监测，如针对室内的甲醛、一氧化碳、二氧化碳、氨、苯等有毒有害气体污染进行监测并实时显示，还可通知到农民的手机上，方便其进行调节。比如：手机显示二氧化碳超标了，那就要打开窗户透透气；一氧化碳接近临界点，那就要关注厨房里煤气是否泄露，早点采取措施防范；空气过分干燥，那就要通过加湿器等方式增加空气湿度。总之，这种室内空气质量监测仪，可以帮助农民很好的了解自己的居住环境，为农民改善生活环境提供科学依据，使农民的生活变得更加便利和舒适。今后，物联网技术将更多地为农民的健康保驾护航。

5.天灾预警生命的守护神

我国属于洪灾、涝灾和台风灾害等自然灾害频发的国家，防范治理任务非常艰巨。尤其在偏远地区，因为暴雨和台风引起的山洪、滑坡、泥石流灾害更加严重。借助物联网的泛在感知特性，在地形复杂、偏远的地区安装上自动采集数据的雨量监测计、水位计等装置，利用网络传输技术将数据传送到管理部门，借助系统的精准监测和科学决策特性，用来协助进行山洪灾害的预防。当出现险情时会发出预警信息，提醒相关指挥人员做好抢险救灾工作准备，尤其是做好人员转移安置工作，将人员伤亡降至最低。

森林火灾的危害十分严重，不仅会造成森林与周边人员的财产损失，而且会严重破坏生态环境，导致森林小气候的变化。2019 年 3 月 30 日 18 时许，四川省凉山州木里县雅砻江镇立尔村发生森林火灾，着火点在海拔 3800 余米左右，地形复杂、坡陡谷深，交通、通讯不便。火灾发生后，州、县两级立即启动应急预案，投入 689 人实施灭火作业。2019 年 3 月 31 日下午，扑火人员在转场途中，受瞬间风力风向突变影响，突遇山火爆燃，30 名扑火人员失去联系。最终证实 30 名失联扑火人员全部遇难。一时间，山川含泪，天地同悲！在悲伤之余，我们不禁要想，如何才能避免这样的悲剧再次发生呢？没错，还是物联网！

森林火险监测站主要是针对预防森林火灾而研发设计的监测设备，森林火险气象监测站可以实现对于森林中温度湿度、风速风向、雨量、气压辐射等气象要素的监测，通过对于这些气象要素的监测，来判断森林温度状况，发生火灾的可能和概率。一旦森林中发生火灾，火险监测站可以及时监测到火源，及时给工作人员报警，同时消防人员可以根据风速风向这些数据，及时采取对于火情的应对措施，合理的扑救，将火灾的损失降到最低！

另外，利用网络中通信定位模块的多模移动信息采集终端，提供全网节点定位和林火扑救人员的实时定位跟踪；还可结合 GIS，将现场动态信息与应急联动综合数据库和模型库的各类信息融合，依据现场环境及林火蔓延模型，形成较为完备的事件态势图，对林火蔓延方向、蔓延速率、危险区域、发展趋势等进行动态预测，进而为辅助决策提供科学依据，提高应急联动系统的保障能力，最大限度地预防和减少森林火灾及其造成的损害。

6.智能养老老年人的健康保姆

改革开放以来，中国城市化和现代化进程加快，大批农村青壮年劳动力涌向城市，而乡城移民的大规模出现，造成了农村家庭的“空巢化”和农村社会的“空穴化”，出现了大量的农村留守老人，留守老人问题日益突出，老人去世多日才被发现的新闻时有报道。尊老爱幼是我国的传统美德，我国又即将进入老龄化社会，对老人的关爱是恒久不变的话题，不要让爱留有遗憾！

试想一下，如果老人不幸摔倒或生理出现异常，随身佩戴的传感器会感应到异常情况并立即通知医护人员；老人住所内水龙头或灯 24 小时没有开过，警报器会提醒家属，老人是否走失未归或发生意外；智能厕所能够每天检查老人的尿液，传感器随时监控老人的血压、心跳等，这些数据将直接传送到社区卫生服务中心，医院进行实时监控……

总之，通过物联网技术，使老人的日常生活处于远程监控状态。老人身上佩戴的传感器，就如同一个如影随形的家庭保姆，它不仅能悉心照料看护老人的衣食住行，还能了解一般不易被发现的健康问题，随时为老人的身体健康保驾护航。

7.智慧农业伴随而生

智慧农业是未来农业发展的必然趋势，是实现农业高效生产的理想模式。智慧农业将现代化的信息技术应用到农业生产活动中，其中主要应用的信息技术涵盖了计算机技术、网络技术、物联网技术、音视频技术、3S技术、通信技术以及相关专业知识。农业中利用这些技术和专业知识，从而达成农业可视化远程诊断、远程控制以及灾害预警等智能管理模式，实现农业生产的信息化、自动化以及智能化，改变我国的传统农业生产模式，加快我国农业生产的转型和升级，极大提高农作物产量以及农作物质量，推动我国农业发展，为我国的经济建设提供巨大助力。

智慧农业是国家重点扶持的战略性新兴产业，发展智慧农业对我国农业产业结构调整、国家粮食安全、生态环保、经济可持续化发展等都具有重要意义。智慧农业的发展过程中应用物联网技术应当尽可能做到因地制宜，结合农业发展情况以及所具备的产业资源与信息基础设施，参照市场需求，再根据物流成本，进一步决定技术的应用层次。政府在此过程中应当予以引导，提供政策上的支持，强化政企合作，逐步形成系统化的智慧农业市场竞争机制，推动智慧农业健康、快速发展。

六、常见问题及解决办法

1.如何选择智能家居

要结合自己的需求、产品是否节能环保、品牌口碑、是否具有远程控制功能、功能是否集成、产品售后服务是否周到以及性价比等多方面综合考虑。

2.物联网能够预防自然灾害吗

地震、海啸、火灾、火山爆发、洪水、飓风、龙卷风、滑坡、极端天气条件等各种自然灾害,所带来的损失都是难以避免的。然而,幸运的是,在我们所处的时代,技术的巨大进步可以有效降低这些灾害的影响程度。确切地说,物联网技术已经在短时间内变得成熟,并扩展了其实际应用领域。来自世界各地的一些研究人员、科学家和物联网专家一直在努力部署这些智能技术,以最大限度地减少自然灾害带来的影响。物联网虽然不能防止任何灾难发生,但可以肯定的是,物联网能够帮助进行有效的防灾准备,它有助于预测即将发生的灾害事件,并通过智能系统向社区发送预警通知。

3.什么是智能医疗

智能医疗是通过打造健康档案区域医疗信息平台,利用最先进的物联网技术,实现患者与医务人员、医疗机构、医疗设备之间的互动,逐步达到信息化。在不久的将来医疗行业将融入更多人工智慧、传感技术等高科技,使医疗服务走向真正意义的智能化,推动医疗事业的繁荣发展。在中国新医改的大背景下,智能医疗正在走进寻常百姓的生活。

参考文献

[1]黄建波.一本书读懂物联网[M].2 版.北京：清华大学出版社，2018.

[2]郎为民.大话物联网[M].北京：人民邮电出版社，2011.

[3]2018 中国物联网应用研究报告——概念、架构及行业梳理 [EB/OL].（2018-08-17）[2019-11-20]https://www.iyiou.com/intelligence/report573.html.

[4]毛科军.农业物联网技术与应用[M].天津：天津科学技术出版社，2016.

[5]雷凤春，赵忠亮.物联网技术在新农村中应用的设想[J].辽宁行政学院学报，2014，16（10）：146-147.

[6]卢晓慧，聂鹏程.农业物联网技术与应用[M].北京：中国农业大学出版社，2018.

[7]王振录，梁雪峰，陈胜利.农业物联网技术与应用[M].北京：中国农业科学技术出版社，2017.

[8]余欣荣.物联网改变农业、农民、农村的新力量[M].2 版.北京：中国农业大学出版社，2016.

[9]姚振刚.物联网技术与智慧农业[M].北京：中国农业出版社，2018.

[10]聊聊大数据（一）——大数据的存储[EB/OL].（2018-05-14）[2019-11-20]https://blog.csdn.net/greatfeather/article/details/80199319.

[11]于双杰.运用农业物联网技术促进农村信息化建设[J].农业与技术，2013，33（3）：176-179.

[12]耿其山.物联网在农业生产中的运用[J].江西农业，2018，137（12）：100.

[13]彭秀萍.物联网在农业中的应用研究[J].信息与电脑，2018（17）：155-157.

[14]赵同奎，付俊辉.物联网技术在农业领域的应用[J].信息与电脑（理论版），2018，408（14）：177-178.

[15]杨文云.物联网技术在农业生产中的应用[J].园艺与种苗，2018，38（10）：59-60，66.

[16]玄伟，李博.现代农业物联网的解决方案及应用[J].现代农业研究，2018（7）：15-

16,52.
[17]郭亚,朱南阳,夏倩,等.中国农业物联网及“互联网+农业”进展[J].世界农业,2018(7):202-209.
[18]凌薇.“物联网+农业”如何迸发新活力[J].农经,2018(9):44-47.
[19]冯新新,梁张华.当前我国农业物联网发展存在的问题及建议[J].通信管理与技术,2018(5):12-14.
[20]李凤芝.计算机物联网在农业数字化中的应用[J].电脑知识与技术,2018,14(19):300-301.
[21]张勇,宋文静,马征,等.农业物联网技术在葡萄种植中的应用探微[J].花卉,2018(10):278.
[22]刘磊,王丹凤,陈亮,等.物联网传感技术在畜禽养殖中的应用[J].四川畜牧兽医,2017(9):7-9.
[23]姚满.分析物联网技术在我国水产养殖上的应用发展对策[J].畜牧兽医科学(电子版),2017(5):68-69.
[24]徐连伟.物联网技术在我国水产养殖上的应用发展对策[J].农业与技术,2018,38(23):117-118.
[25]冷链物流体系不完善 加强冷链物流监管很关键[EB/OL].(2017-04-27)[2019-11-20] https://www.56135.com/56135/yun/bbs/bbsinfo/486240.html
[26]喜崇彬.冷链物流市场进入群雄逐鹿新时代[J].物流技术与应用,2018,23(9):13-18.
[27]王笛,林凤.“互联网+”背景下中国冷链物流发展研究[J].物流科技,2018(6):75-78.